池上彰のアフリカビジネス入門

A BEGINNER'S GUIDE TO BUSINESS IN AFRICA BY AKIRA IKEGAMI

北は茨城、
南はシドニー。

アフリカは南北に長い。
赤道をまたいで、南北に8000キロもある。
だから気候も自然も風土も、
想像できないほど多様。

アフリカの南北の全長は約8000km。最北端のアルジェリアの地中海沿岸は、茨城県と同じ北緯37度。最南端の南アフリカ共和国のアガラス岬は、オーストラリアのシドニーと同じ南緯33度。「アフリカ」とひとつにくくれない大きさです。

アフリカはでっかい!
その1／緯度で計ると

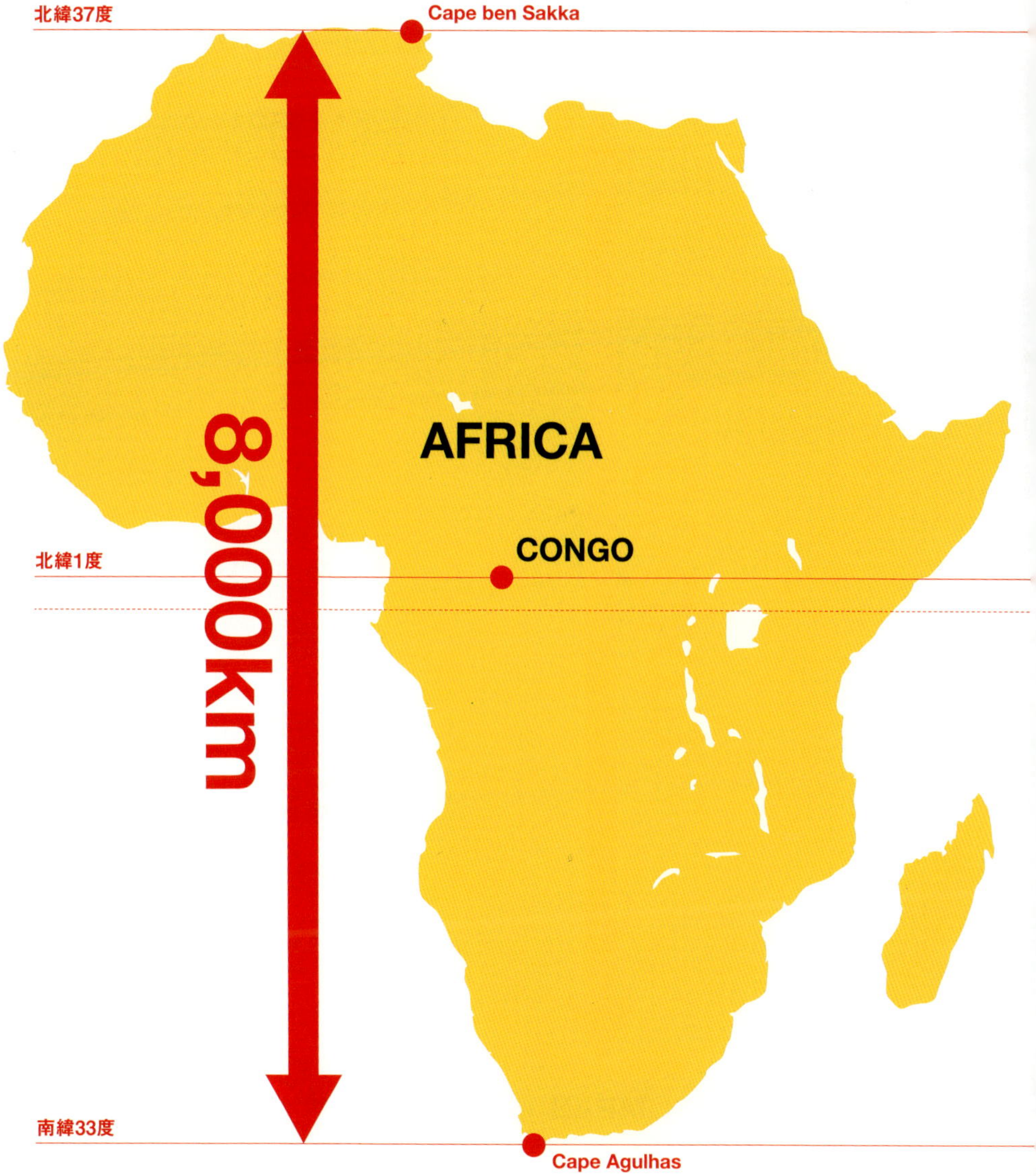

日本から
スウェーデンまで

アフリカの南北の長さは8000km。
これ、実は
日本からスウェーデンまでの
距離と同じです。

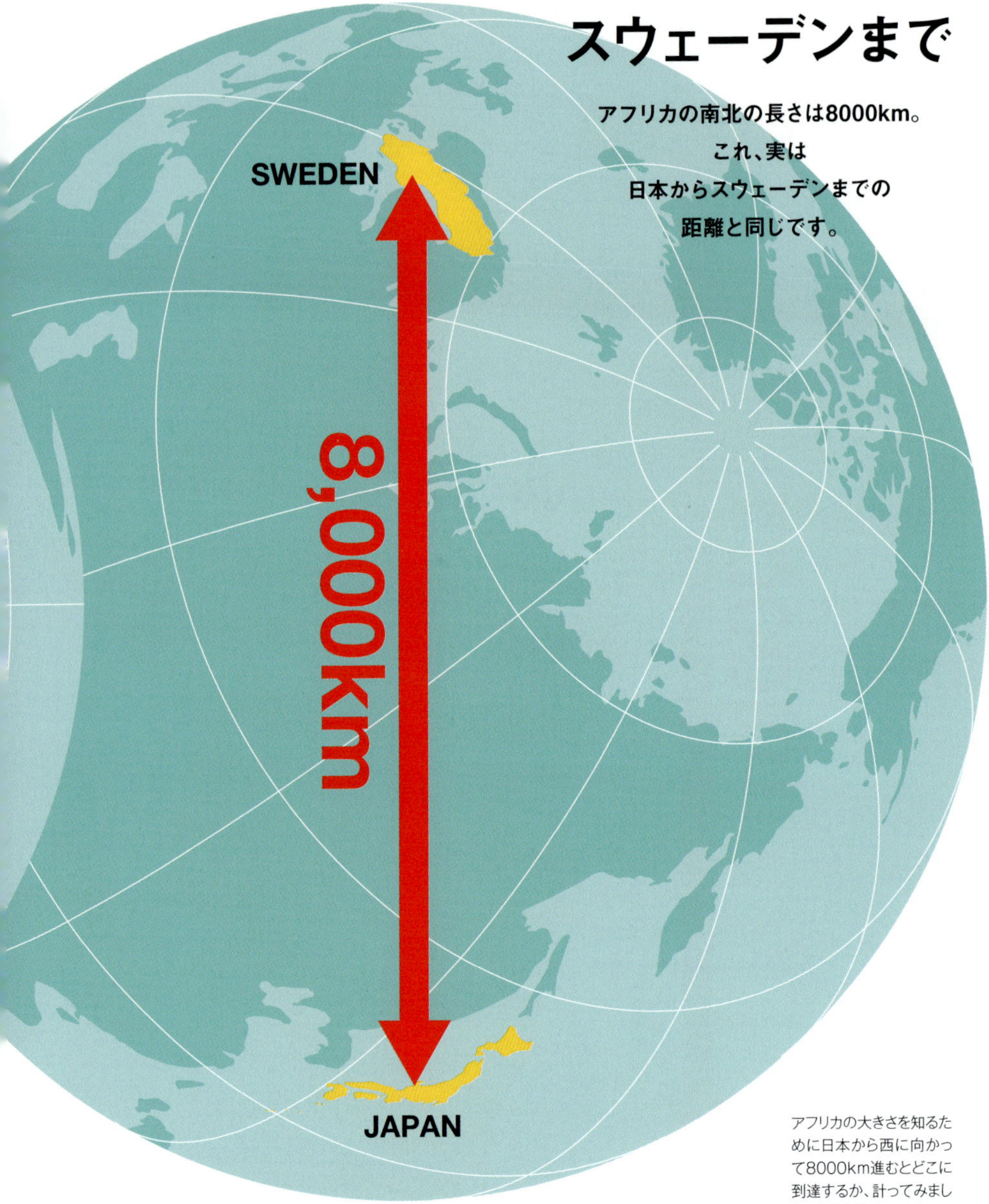

アフリカの大きさを知るために日本から西に向かって8000km進むとどこに到達するか、計ってみました。なんと北欧のスウェーデンに着いてしまいます。

アフリカはでっかい!
その2／経度で計ると

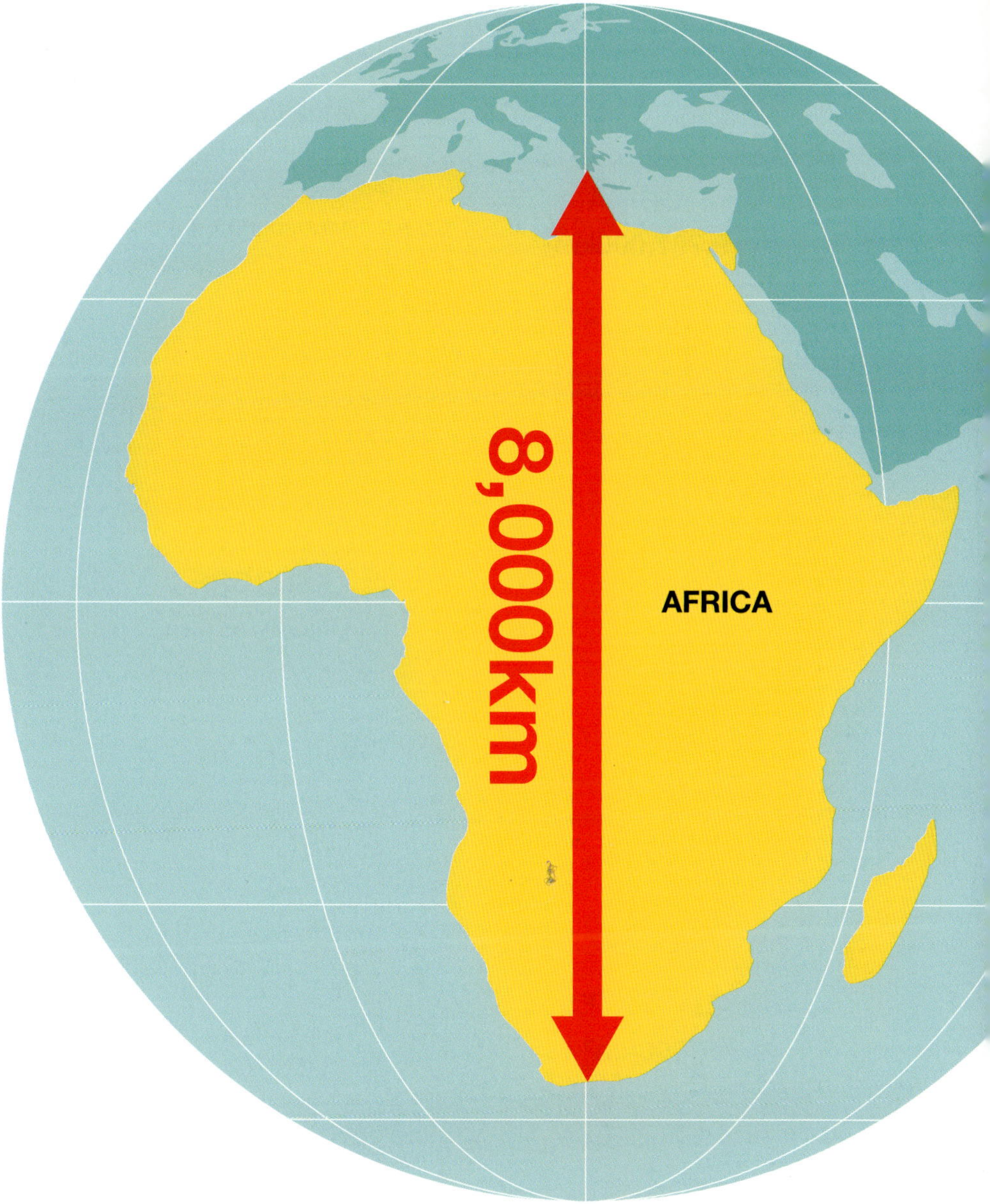

アフリカ＞アメリカ＋ヨーロッパ全土＋中国

アフリカ大陸は
アメリカとヨーロッパ全土と
中国を足したより広い。
ちなみに、日本の80倍の大きさです。

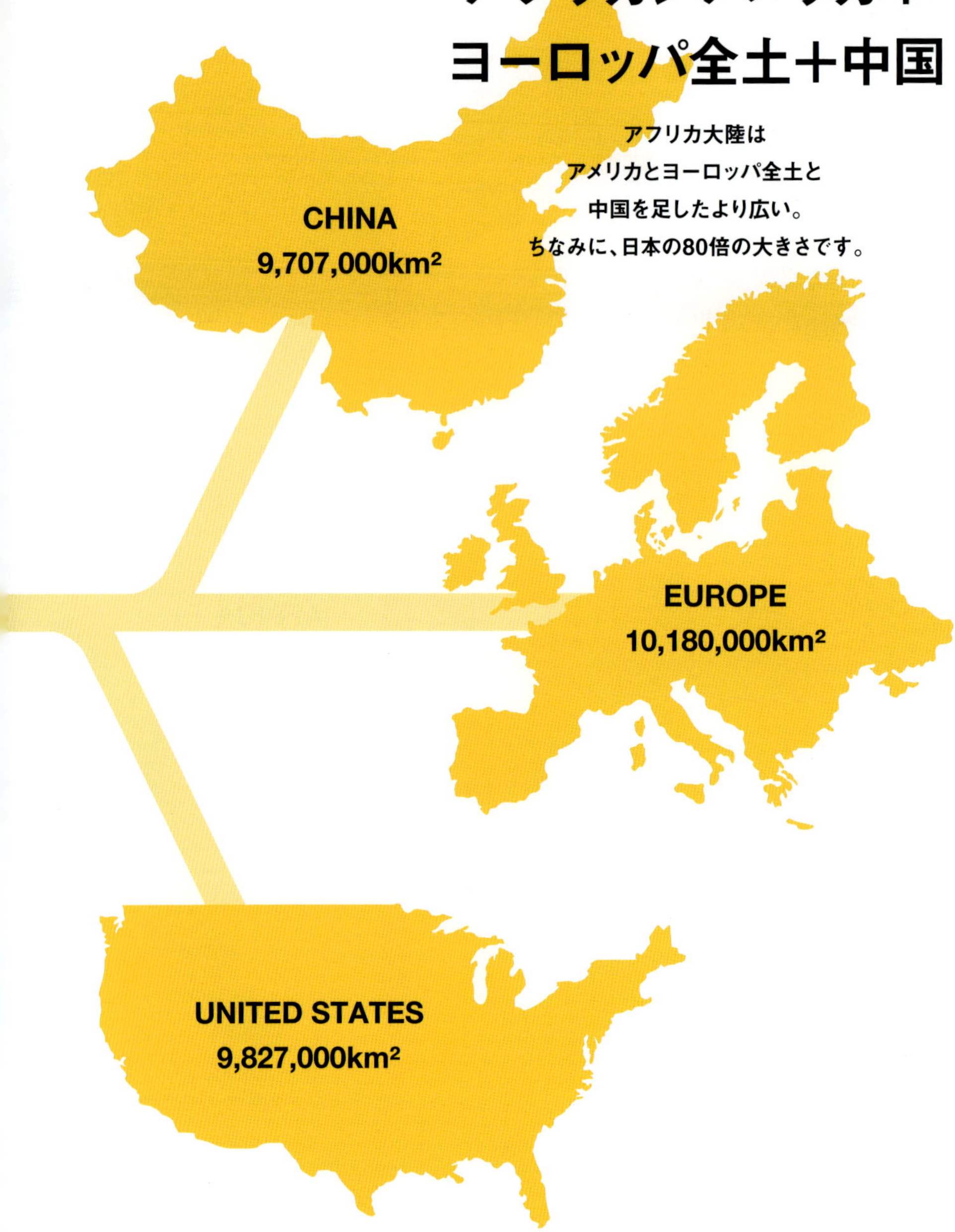

アフリカはでっかい!
その3／面積で計ると

アフリカ大陸の総面積は3022万㎢。これはアメリカ合衆国が982万7000㎢、中華人民共和国が970万7000㎢、ヨーロッパ全土が1018万㎢、を合わせた2971万4000㎢、よりも大きい。ちなみに日本は37万7900㎢。アフリカには日本が80個入る計算です。

世界の内陸国48ヵ国中
16ヵ国がアフリカ大陸に

海に接しておらず、自前の港を持っていない内陸国。
その多くが、アフリカ大陸に集中しています。
内陸国は単独では貿易がやりにくい。
アフリカの大きな問題です。

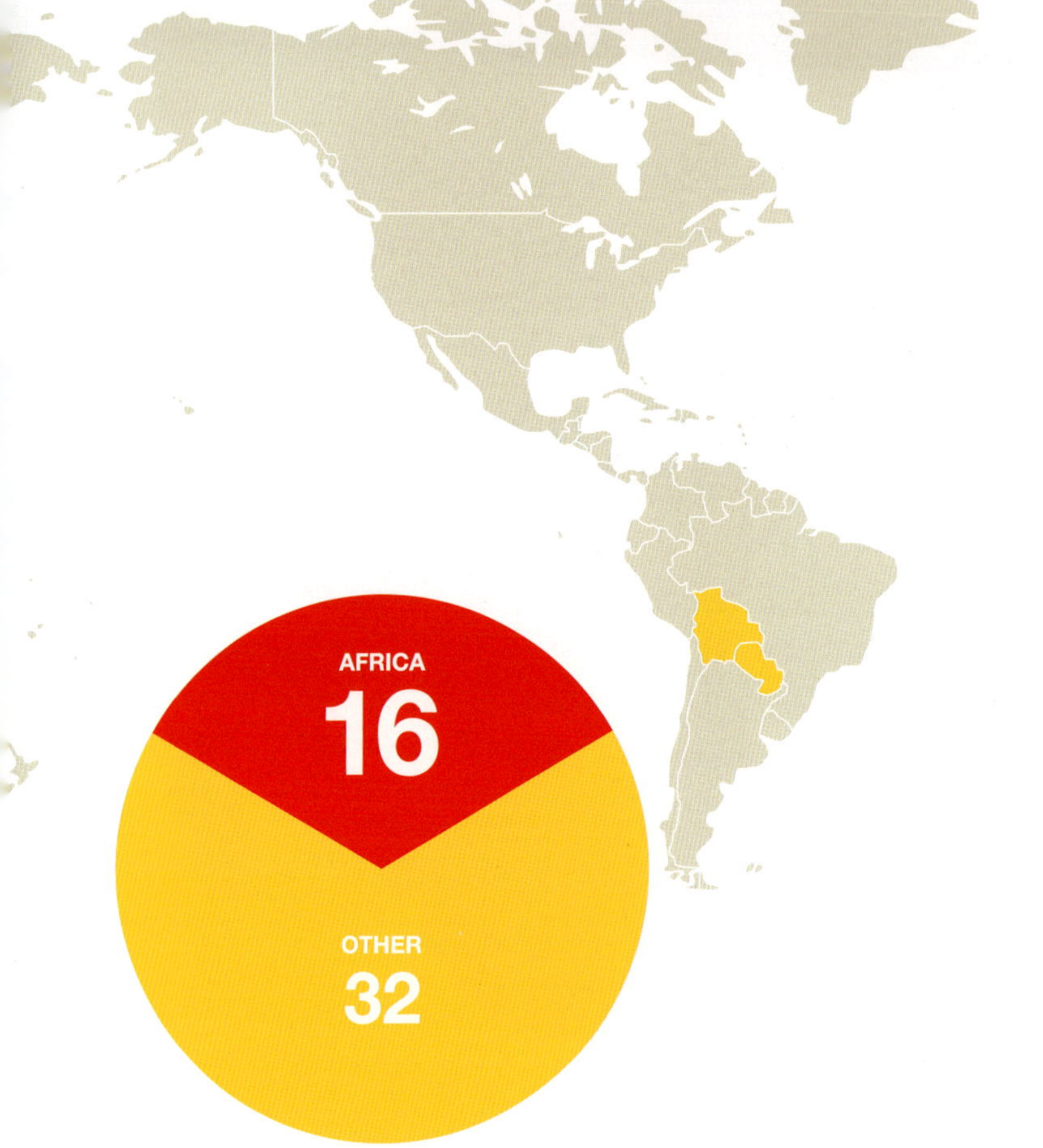

アフリカはでっかい!
その4／内陸国の数

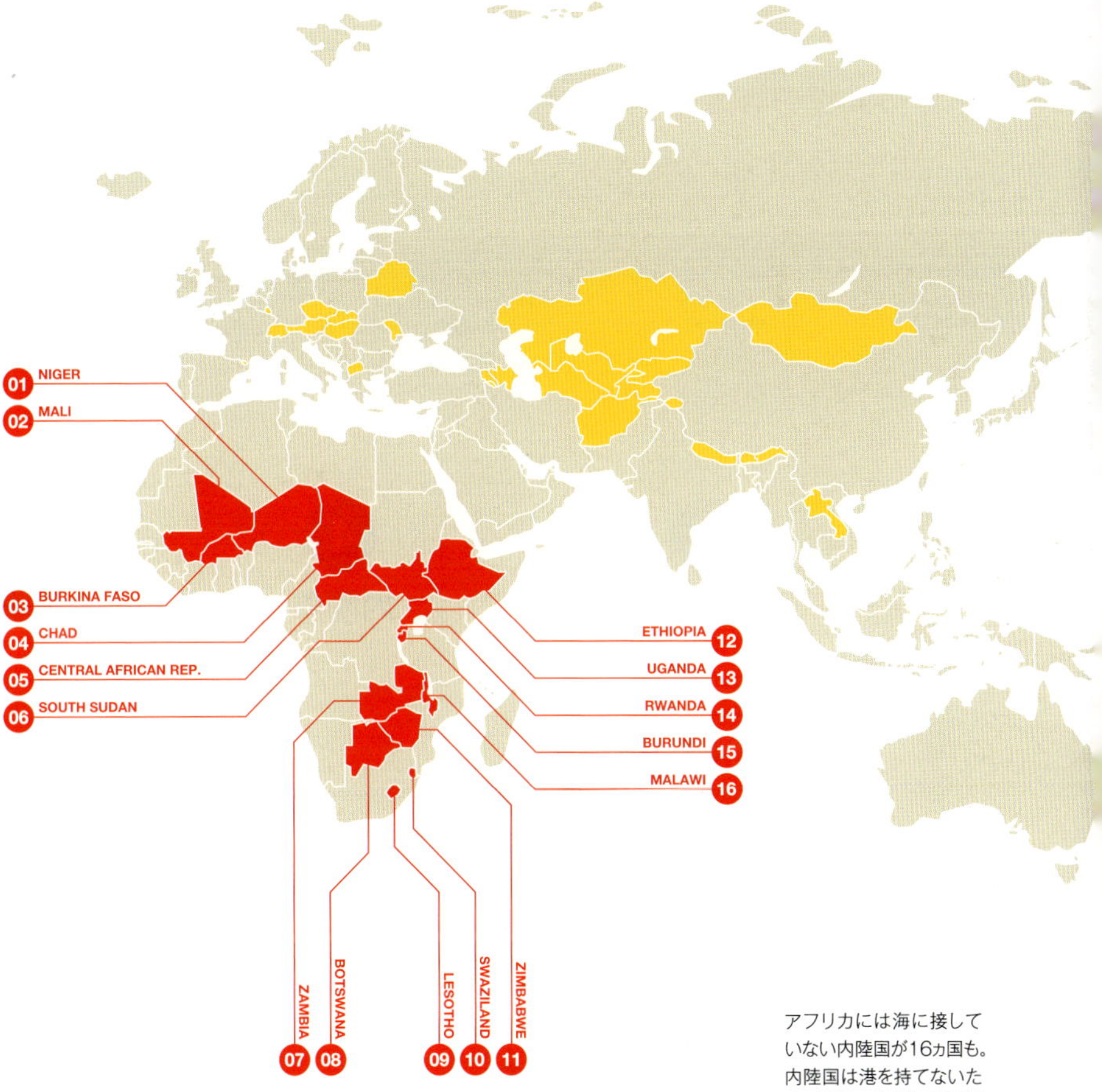

アフリカには海に接していない内陸国が16ヵ国も。内陸国は港を持てないため、単独で海外と貿易ができません。アフリカが経済発展しにくい大きな地理的要因でした。国境を超えて、地域経済を一体開発しなければアフリカの経済は世界に羽ばたけないのです。

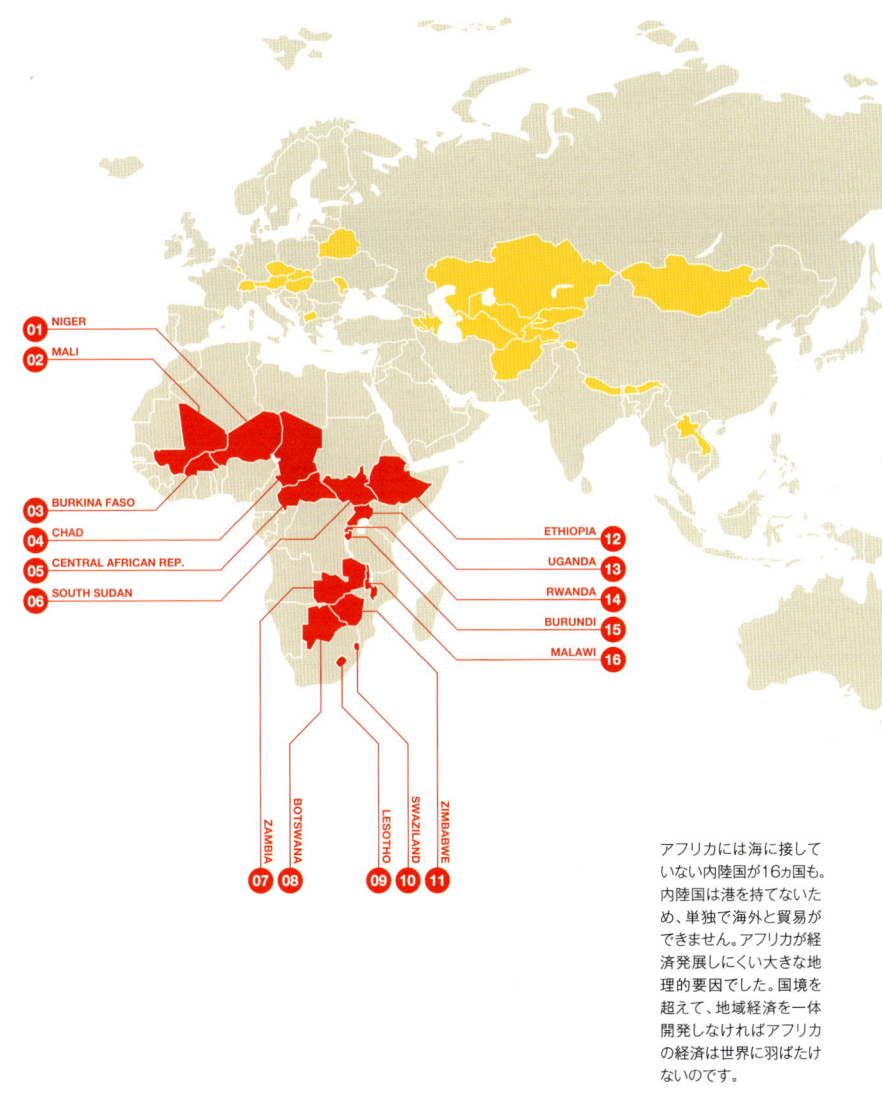

海域で分けると…

アフリカの地域は多様です

アフリカは、自然や気候や文化の面で、
南北４つの地域に分かれ
また、地中海、インド洋、大西洋という
3つの海域に面した経済圏があります。

南北で見ると、①地中海に面したアフリカ北部のイスラム圏、②サハラ砂漠の南＝サブサハラ圏、③赤道直下の熱帯アフリカ圏、④アフリカ南部圏にざっと分かれ、さらに、①地中海圏、②インド洋圏、③大西洋圏、④内陸部と海域でも4つに分かれています。

アフリカはでっかい!
その5／多様性

南北で分けると…

アフリカへようこそ！

４ページで、アフリカがざっくりわかる！読む「目次」

INTRODUCTION

世界中が今アフリカに注目しているって、知ってましたか？ 巨大ビジネスのフロンティア、豊富な資源と10億人の巨大市場！

CHAPTER 1

「アフリカ」のツボが、さっぱりわからない日本人のためにＪＩＣＡの宍戸健一さんに聞きました。これだけ押さえておこう！ ９つのポイント

アフリカは大きい！
だから課題もチャンスも大きい、
とJICAの宍戸健一さん

CONTENTS

4WD車が動けなくなるほどモザンビークの道路はぬかるんでます

お米だってケータイで買えちゃうのよ！とケニアのお母さん

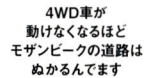

CHAPTER 4

日本が解く！ アフリカの課題
その３ 地熱発電で電力の普及を

アフリカの現実
・経済成長しているケニアですら、電力普及率は20％台
・モザンビークでは、中心都市でも数時間の停電が日常茶飯事
・海外から工場誘致が難しい、市民の生活水準が上がらない

日本の取り組み
・秘密兵器は、人類発祥の地、大地の割れ目「大地溝帯」の地熱です
・火山の活発な日本は、地熱発電先進国
・ケニア・オルカリアで、日本企業が開発する
世界トップの地熱発電所の中身

208

地熱発電で
ケニア中を照らしたい！と
地熱発電所の責任者
ムチェミさん

CHAPTER 5

日本が解く！ アフリカの課題
その４ 商売の前に「市場の創造」

アフリカの現実
・消費者になるにはまだ貧しすぎる、10億のアフリカ人
・経済成長を始めた国でも、不衛生で乳幼児が亡くなっている
・自動車がないと暮らせないのに、
新車を買える金持ちはひとにぎり

日本の取り組み
商売をする前に、市場を創ろう！

240

石鹸に消毒液で
「手洗い運動」を！
ウガンダでただいま
サラヤが社会貢献中

CONTENTS

トヨタ、三菱、英国車から軍用車両まで何でも組み立て・メンテしちゃう！ケニアの自動車工場はすごいぞ。

日本の企業の皆さん、もっとアフリカへ！JICAを率いる田中明彦理事長が力説します。

人類発祥の地ともいわれるアフリカ・ケニアの大地溝帯＝グレートリフトバレー。人類は再び、アフリカの大地に集まる。

INTRODUCTION

世界中が今アフリカに
注目しているって、知ってましたか?

はじめに

アフリカ、と聞いて、皆さんは何を連想しますか？

戦争、テロ、貧困、飢餓、エイズなど深刻な政治問題、社会問題。

あるいは、人類発祥の地、サハラ砂漠、サバンナ、ジャングル、ライオンやキリンやゾウ、ゴリラなど野生動物に代表される大自然の素晴らしさ。

……こう書くと、いくらなんでもステレオタイプすぎるだろう！と怒られてしまうかもしれません。

でも、多くの日本人のアフリカに対する認識は、いまだにこのステレオタイプなイメージからあまり外れていないような気がします。なぜでしょうか？

理由は３つあります。

１つ。日本人が想像するよりアフリカがはるかに大きい。

２つ。日本からアフリカが地理的に遠い。

３つ。ゆえに日本人も日本企業もアフリカとあまり付き合ったことがない。

この３つの理由のなかで、最大の理由は、やはりアフリカのとてつもない大きさです。

まず土地が広い。北米大陸より南米大陸より広い。中国とヨーロッパ全土とアメリカ合衆国と日本が全部すっぽり入ってまだ土地が余るほど巨大なのです。

ケニア・オルカリア地熱発電所は国立公園の中。キリンがくぐれるよう工夫されたパイプです。

それから南北に長い。全長約8000㎞。アフリカ＝熱帯のイメージがありますが、気候は実に多様です。赤道をまたぎ、北部アフリカは地中海を挟んでヨーロッパと接しています。アフリカ最北部のアルジェリアの首都アルジェは、日本の茨城県北部と同緯度です。一方、最南端の南アフリカはオーストラリアのシドニーと同緯度です。ワインの産地で、ペンギンも棲息しています。いかに南北に長いか、想像がつくでしょう？

さらに国の数が多い。54カ国がひしめきます。ちなみにアジアは48カ国、ヨーロッパは50カ国です。しかも海に接していない内陸国が16カ国もあります。

また、アフリカは人類発祥の地で、遺伝的にも圧倒的に多様な人種に分かれ、文化も宗教もとても複雑です。

アフリカは文化的に見て大ざっぱにいうと4つの地域に分けられます。

地中海に面した北部アフリカ、エジプトに、リビ

モザンビークの「公道」の多くが未舗装。少しでも雨が降るとオフロード仕様の 4WD 車ですら走行困難に。

ア、モロッコ、チェニジア、アルジェリアなどのマグレブ諸国は、イスラム教のアラビア語圏であり、文化的には中東圏とつながった地域です。「アラブの春」が起きたのもこちらになります。「マグレブ」とは、フランス語で「日の沈むところ」の意です。

次にサハラ砂漠の南、サブサハラと呼ばれるスーダンやナイジェリアなどの地域。これらの国々では、スーダンのように北部がアラブ系民族でイスラム教を信仰し、南部がアフリカ在来民族でキリスト教と土着宗教を信仰する、と国内で文化が分断している国があります。内戦が長引き、２０１１年にスーダンから南スーダンが独立するなどの動きも出ています。

さらに赤道を挟んだ地域。ケニアやウガンダ、ルワンダなどですね。「人類発祥の地」と目される地域にも近く、世界でもっとも多様な民族が住む地域です。かつては民族紛争が絶えませんでしたが、近年治安が安定し、急速に経済成長が始まった地域です。

最後に南アフリカ周辺のアフリカ南端部。こちらはイギリスやオランダなどヨーロッパの植民地としての様相を最後まで残し、気候もヨーロッパと同緯度のため多くのヨーロッパ人が住み着きました。かつては、激しい人種差別が起き、悪名高いアパルトヘイトがありましたが、人種差別が撤廃された後は、経済、消費、貿易の拠点として、アフリカ大陸随一の発展を遂げ、いち早く先進国の仲間入りをしようとしています。

アフリカ大陸を東西で見ると、地中海に面した北部アフリカを除くサブサハラ＝サハラ砂漠以南の地域は、３つに分けられます。インド洋に面し、いち早く経済成長の糸口を見つけた東海岸諸国、大西洋に面し、資源開発が始まった西海岸諸国、地勢的に欧州からもアジアからも遠く、貿易という面では不利な中央アフリカ諸国。

どうですか。アフリカの「大きさ」を実感できたでしょうか。

こんなに多様なアフリカを、私たちはついつい「アフリカ」のひとことでくくろうとしてしまいます。アフリカの大きさを、私たち日本人は肌身で知らないわけです。２００８年の米大統領選挙に副大統領候補として立候補したサラ・ペイリン氏は、アフリカを「ひとつの国家」と思っていたのですから、アメリカでも事情は変わらないかもしれませんが。

「大きさ」と「多様さ」がアフリカの潜在能力です。一方で、「大きさ」と「多様さ」が、近代化の遅れた原因でもありました。国民国家が成立しにくい。内陸国や小国が多いために隣国同士が連携しないと貿易産業が育ちにくい。多様な民族、多様な文化が災いして宗教間や民族間の対立が起きやすい――。

そのうえ、アフリカは日本からあまりに遠い。アジアはもちろん、北米やヨーロッパ、オセアニア、かつて日本から移民が向かった南米よりも、日本人にとって、アフリカは地理的にも心理的にも遠いのです。大きすぎるがゆえにイメージをつかみにくい。遠すぎるがゆえに、渡航した人の数も限られ、親近感を持ちにくい。

21世紀に入るまで、アフリカは、経済的に停滞し、政治的には不安定な状況が続いていました。

アフリカは歴史に翻弄されてきました。20世紀半ばまでのヨーロッパの植民地支配、第二次世界大戦後の独立戦争。その後の政治的混乱。紛争や内戦。インフラの整備もままならない国がアフリカにはたくさんありました。学校教育の機会が奪われた人々がいました。医療サービスが質量ともに不足している地域も少なくありませんでした。

国際協力の対象になりこそすれ、経済面で投資をしたり貿易をしたりする相手としては、アフリカは、アジアや中南米の後塵を拝していました。

そんな遠くて大きな大陸、アフリカが、21世紀に入り急速に変わりつつあります。著しい経済成長を始めたのです。

途上国の底辺層をＢＯＰ（ベース・オブ・ピラミッド）といいます。アフリカでは、インフラの整備に伴い、一般の人々の生活水準が向上し、生活必需品や食品などを中心にこのＢＯＰ市場が急速に拡大しつつあります。

資源面でも、資源価格の高騰や掘削技術の進歩により、これまで発掘できなかった近海の石油や天然ガスが開発され、さらにはレアメタルなど希少な地下資源開発が可能となりました。

欧米はもちろん中国や韓国、インドなど、世界中がアフリカの経済成長に注目しています。最後の巨大市場、それが21世紀のアフリカではないか、というのです。人口10億人。平均年齢20代。これから世界の人口増加の相当数をアフリカが担うというデータもあります。

そこで日本の役割です。

アフリカでの雇用創出や生活改善には、民間企業やＮＧＯの力が欠かせません。一方で、巨大インフラの整備や複数の国々にまたがる経済活性化の仕組み作りなどには、先進国政府の協力が必要となります。

アフリカは大きい、広い、多様である。だからこそ、地域ごとにきめ細かく情報を収集し、リスク管理を怠らず、そのうえで最適な国際協力やビジネスを展開する——。

日本は歴史的に見て、アフリカ諸国とは関係が薄く、それほど目立った存在ではありませんでした。現在、アフリカ諸国は、ヨーロッパやアメリカから多額の援助も受け取っていますが、かつての植民地支配や奴隷制度などの歴史があるため、アフリカの人々は欧米人に対して複雑な感情を抱いています。

その点、アフリカ市場において「新参者」である日本やアジア勢は、アフリカ諸国からは、中立的ととられており、悪い印象は持たれていません。

日本は、アフリカの複雑な問題解決への貢献や、経済成長のための政策・インフラ開発・制度作りや次世代を担う人材育成などを通じて、経済成長に寄与できる可能性があります。

もちろん、経済成長を始めたからといって、アフリカ大陸全域で政治的安定が達成されたわけではありません。

近年ではアラブ文化圏の北部アフリカで、エジプトやリビア、チェニジアで独裁者が倒され、既存政権が敗退する「アラブの春」が起き、皮肉にもその影響で新たな政治的な混乱が生じました。マリ北部ではイスラム過激派武装勢力が勢力を伸ばしたのに対して、旧宗主国のフランスが軍事介入を行いました。２０１３年1月には隣国のアルジェリアでは、イスラム過激派によって天然ガス施設が襲撃され、プラントの建設と運営を担っていた日本人を含む他国の技術者やビジネスパーソンが命を落としました。同年9月には、ケニアのショッピングセンターがイスラム過激派によって襲撃されました。こちらでは日本人の被害者はいなかったものの多数の死傷者が出ました。

最後の巨大経済市場として、前途有望なアフリカ。いまだにテロや内戦のリスクがある、危険なアフリカ。アフリカには2つの「顔」があります。

アフリカの経済が成長すること。アフリカの治安が安定すること。これは2つで1つ、両方同時に達成されるべき目標です。経済成長が、貧困を廃絶し、社会不安を取り除く。治安の安定が、海外からの投資を招き、経済成長を促す。どちらが止まっても、アフリカは豊かになりません。

では、そんなアフリカに、今そしてこれから日本は何ができるでしょうか？

INTRODUCTION

２０１３年春には、アフリカ39カ国の首脳を集めた第5回ＴＩＣＡＤ（アフリカ開発会議）が横浜で開かれました。日本は、欧米がいわゆる「援助疲れ」でアフリカへ手を差し伸べる機会が少なくなった１９９０年代の93年以来、５年に１度、ＴＩＣＡＤを開催し、アフリカへの理解を深め、国際協力と投資の機会をつくってきました。国際協力の側面では、日本はアフリカにおいては「先進」的な存在だったのです。

アフリカの経済が立ち上がろうとする今、国際協力の段階から、いよいよ投資の機会、ビジネスの機会が、アフリカに訪れようとしています。

日本企業にも大きなチャンスがあります。

ライバルもたくさんいます。欧米はもちろん、中国、韓国、インドのアジア諸国のアフリカ進出は、すさまじいものがあります。

まずは日本の皆さん、アフリカを知りましょう。

本書が皆さんのアフリカに対する理解の一助となれば、幸いです。

池上　彰

CHAPTER 1

「アフリカ」のツボが、
さっぱりわからない日本人のために
JICAの宍戸健一さんに聞きました。
これだけ押さえておこう! 9つのポイント

イケガミの  マエセツ！

なぜ、アフリカのビジネスがいま熱いの？
なぜ、これまでアフリカの成長は遅れていたの？

アフリカビジネスの「熱い」現実

資源、農業、生産、消費……世界最後の巨大市場。

① 消費が伸びる！　人口10億人以上。しかも20代が中心で今後さらに増加する。

② 眠れる資源大陸。鉱物資源から石油、天然ガス、地熱まで。

③ 農業や工業が未発達。だからこそ生産地としての余力がある。

アフリカビジネスの「大きな」課題

これまでビジネスが伸びなかったのは、地理的な問題と歴史的な問題のせい。

① 政治的に不安定。ヨーロッパからの独立後、内戦が多かった。

近年では「アラブの春」の影響で、イスラム過激派の活動も目立つ。

② 大陸が大きく、内陸国が16カ国もあるため、国単位で経済発展しにくい。

③ 南北に大陸が長いため、巨大農業が発展しにくい

アフリカビジネスの解決策

最も求められ続けているのは、「援助」以上に「投資」。

アフリカとは、ビジネスの面から見たら、どんなところなんだろう?

この疑問にお答えいただくのは宍戸健一さん。世界中で日本の国際協力の道筋をつくってきた国際協力機構（ＪＩＣＡ）に所属する、筋金入りのアフリカ通です。長年、アフリカ大陸をまたにかけて、日本からの国際協力を現地に根付かせる仕事に従事されてきました。

実は私も宍戸さんのお世話になっています。２００９年夏、スーダンを取材したときです。

当時のスーダンは、北部と南部が対立して長い長い内戦を繰り広げたあと、南部スーダンが国家として独立する寸前、という状況に直面していました。内戦に一区切りがつき、治安面ではある程度安定してきたものの、道路をはじめとするインフラが破壊され、社会が機能していない状態でした。南スーダンという新しい国家ができるまさにそのプロセスを私は現地で取材しました。このとき、スーダンおよび南スーダンの政府幹部、現地で活動する国際機関など、さまざまな取材先のアレンジにご尽力いただいたのが、当時、ＪＩＣＡのスーダン事務所の所長だった宍戸さんだったのです。

２０１３年6月、日本では、第5回アフリカ開発会議（ＴＩＣＡＤ）が開催され、成功裏に終わりました。このＴＩＣＡＤの実現に向け、日本とアフリカを行ったり来たりと大忙しの真最中だった宍戸さんに、アフリカ市場の今と、日本からの国際協力の現状について、お聞きしました。

JICA きってのアフリカ通、宍戸健一さん

宍戸健一（ししど　けんいち）
JICA　地球環境部次長兼森林・自然環境グループ長
1961年兵庫県生まれ
86年東京大学農学部卒業後、JICA入構
1992-1995年
JICAインドネシア事務所次長
2003-2004年
JICA森林自然環境協力部（当時）
2004-2005年
JICAガーナ事務所長
2006-2007年
JICAスーダン事務所長
著書に『アフリカ紛争国スーダンの復興にかける　復興支援1500日の記録』

注目点
01

日本のみなさん、もはや「援助」より「投資」です！

池上　アフリカの経済は、いまどんな段階でしょうか？

宍戸　日本におけるアフリカのイメージは、エジプトなど地中海に面した北部アフリカ諸国を除くと、今まで「経済的なパートナー」というイメージからは程遠く、

①内戦が頻発する。
②危険が多い。
③風土病も怖い。
④インフラが整っていない。
⑤労働者の質が低い

……というものでした。

池上　……散々ですね（苦笑）

宍戸　散々です（笑）。けれどもアフリカの現実がこのイメージ通りだったのは20世紀まで。多くのアフリカ諸国は21世紀に入って大きく変わりました。政治が安定し、インフラが徐々に整い、インターネットが浸透し、携帯電話が普及し、経済が急速に発達し、ビジネスチャンスが拡大しています。たとえていうならば、1960年代の日本、90年代の東南アジアの成長ぶりとそっくりです。

池上　東南アジアを含む東アジアは、その時期に急激な成長を遂げましたね。世界銀行が１９９３年に『東アジアの奇跡』というレポートをまとめたくらいです。今のアフリカは、あの当時の東南アジアのようですね。

宍戸　実際にさまざまな統計を見ても、現在のアフリカは90年代半ばに急成長した東南アジアと非常に似た状況にあります。具体的にいうと、農村部から街に出てきた若者が頑張って働けば、バイクと携帯電話を持つ生活が手に入る。これが今のアフリカです。とはいっても、現金一括払いでは購入できる人はほとんどいません。バイクという交通手段と、携帯電話という通信手段を一般の人たちが手に入れるためには、分割払いの仕組みが必要になります。実際、南アフリカなど一部のアフリカの国々では庶民向けのローンの導入が進み、多くの人たちがバイクと携帯電話を所有できるようになりました。

池上　昔の日本に似ていますね。月々の分割払いで代金を支払う月賦は、戦後日本の高度成長時代に導入され、庶民がテレビや自動車を手に入れる大きな助けになりました。

宍戸　たしかに！　自動車や家電、ステレオからピアノに至るまで、60年代の日本では、「月賦払い」が基本でした。いっぺんに10万円は支払えないけれど、毎月５０００円ずつ20数回に分けてならば払える、という人たちが、日本の高度成長期の消費を支えました。今のアフリカでも同じようなことが起きているわけです。

池上　21世紀のアフリカは、90年代の東南アジアにそっくり。90年代の東南アジアは、50年代から60年代にかけての日本にそっくり。ということは、今のアフリカは、高度成長期直前の日本とそっくり、というわけですね。

そう考えると、アフリカに興味のなかった日本の方々もぐっと親しみが持てるようになるのではないでしょうか。日本人の知恵を活かすチャンスも出てきそうです。なにせ、私たち日本人の50年前の経験を応用できるのかもしれないわけですから。

宍戸　その通りです。アフリカ各国は日本の協力を心待ちにしています。アフリカの国際協力の現場に6年間寄り駐在した私の実感です。ただ、池上さん、ＪＩＣＡが寄り添い続けている、というとどうしても、途上国援助のイメージがつきまとってしまうのですが、今のアフリカに必要なのは、もはや「援助」ではないんです。

池上　「援助」だけじゃない？　では、何が必要なんですか？

宍戸　「投資」です。アフリカは、いま自ら経済成長するのに必要な海外からの「投資」を求めています。２００５年前後に、世界各国からアフリカ大陸へのお金の流れが大きく変わりました。それまで中心だった「援助」の総額を、ビジネスベースの「投資」の総額が上回ったのです。

池上　すでに、アフリカは援助の対象ではなく、ビジネスの場になっているわけですか？

宍戸　アフリカには54もの国があり、その中にはまだまだ援助が必要な国もたくさんあります。けれどもアフリカ全土で見ると、支援のステージから投資のステージへ、つまり経済成長が本格的に始まっている国が多数を占めるのです。

池上　アフリカは世界からの援助で貧困からの脱出を目指す国が多い、という認識を改めないとなりませんね。アフリカが急速に経済成長し始めた理由は何でしょうか？

注目点 02

政治が安定すれば、暗黒大陸から資源大陸へ

宍戸　もともと豊富にあった地下資源の採掘と開発が一気に進んだのが、大きな理由ですね。

池上　なぜ、いままで採掘されていなかったんですか？

宍戸　アフリカ諸国の多くが、21世紀を迎えるまで、政情不安だったり、内戦が起きたり、経済的に貧しかったりしたため、コストのかかる資源開発を自力で行うことができず、外国資本を招くのも難しかったからです。21世紀に入り、アフリカの大半の地域で政治が安定するようになって、海外からの援助や投資が増え、資源開発が軌道に乗り始めました。

池上　どんな資源が採掘されるようになったんでしょう？

宍戸　近年、インド洋に面したモザンビークやタンザニアでは豊富な天然ガスが見つかっています。両国の年間生産量は日本での消費量の半分相当の規模になると見込まれており、すでに日本企業が開発の権利の一部を得ています。

かつて私が勤務したことのあるガーナはエネルギー資源のない国だったのですが、21世紀に入って大西洋沖合で石油が見つかりました。２０１０年から石油の生産を開始、今や高い経済成長率に沸いています。

池上　ガーナで石油！　日本人のイメージでは、チョコレートの原料であるカカオ豆の産地、というイメージしかありませんでしたが、認識を改めなければいけませんね。そういえば、ナイジェリアもすでに世界屈指の産油国になっていて、アフリカ西海岸では石油がよく見つかる印象があります。インド洋に面した東海岸側はどうなんでしょう？

宍戸　２０１２年に入って、ケニアのトゥルカナ湖でも石油が見つかりました。長年貧困に喘ぎ、無政府状態にあったソマリアのプントランドでも油田が発見され、争奪戦の様相を見せ始めています。インド洋に面したアフリカの国々は、インドや東南アジア、東アジアとも距離が近いため、アジアの新興国からの注目も集めています。

池上　実際に現地を訪れると実感するのですが、インド洋に面した東海岸諸国ではインド人が目立ちますね。

宍戸　インドの商人、「印僑」ですね。もともと古くからインドの商人たちは、インド洋に面したアフリカ東海岸諸国と盛んに貿易を繰り広げてきました。そんな歴史もあって、今もインドの存在感が大きいのです。これからアフリカ東海岸が成長するのに伴い、インドとのかかわりもより強固になっていくのではないでしょうか。

池上　アフリカ南部の資源事情はどうでしょう？

宍戸　アフリカ南部は石油こそ産出していませんが、レアメタルなどの資源が豊富です。もともと金やダイヤモンドが有名ですね。日本の鉱物資源探査を行う政府機関がボツワナにプロジェクト事務所を設けて、日本人が常駐しています。レアメタルは日本の産業のカギを握っています。現在、ボツワナをはじめ南部アフリカ諸国に対して探査技術の支援などを通じて良好な関係を保ちつつ、共に成長できる道を模索しています。

池上　石油、天然ガス、レアメタル……。さまざまな天然資源の開発が、いま一気に進もうとしているわけですね。潜在的な資源大国だったアフリカ諸国の実力が顕在化した、と。これまで援助を続けてきた日本も中長期的な視点からの関係構築を図ろうとしている、ということですか。

宍戸　その通りです。日本は幸いなことにアフリカ各国の資源開発におおむね友好的に参入できています。それもこれまでのさまざまな国際協力の成果だと思います。

10年で4倍に成長、21世紀のアフリカ経済の勢いはすごい！

池上　アフリカ大陸の経済が上昇気流に乗り始めたことがよくわかりました。でも、いまだに地域によっては深刻な政情不安を抱えています。

宍戸　そうですね。

池上　いち早く経済成長した北部アフリカでは、エジプト、リビア、チュニジアをはじめ２０１１年から「アラブの春」と呼ばれる革命が起き、長期政権が倒れ、今も不安定な状況が続いています。２０１３年１月にはアルジェリアで日本人技術者も犠牲になる工場を狙ったテロが発生しました。

2009年夏、南スーダン・ジュバの復興会議で話をする宍戸健一さん。

一方、「サブサハラ」と呼ばれるサハラ砂漠より南のアフリカ地域は、経済成長ができる前の段階で、スーダン、ソマリア、ルワンダ、モザンビークなどでは政治が混乱をきたし、内戦が多発しました。

北部アフリカの革命は、アラビア半島の政情不安とつらなる「イスラム圏」の問題でもありますので、ここでは詳しい解説を省きます。お聞きしたいのは、サブサハラのアフリカ諸国の政情についてです。いま、どんな状態にあるんでしょうか?

宍戸　２０１１年７月にスーダンから南スーダンが独立したケースを解説しましょう。池上さんも、２００９年夏に、現地で独立直前の模様を取材されましたね。

池上　南スーダンの中心都市ジュバに行きました。現在は南スーダンの首都です。スーダンの内戦は「忘れられた戦争」と呼ばれ、大勢の犠牲者が出たにもかかわらず、日本はもちろん欧米でもあまり報道されておりませんでした。私が訪れた２００９年には、すでに戦闘は終わっていましたが、町の外れ

池上彰が泊まったジュバのサハラリゾートホテル。「リゾート」とは名ばかりのコンテナホテル。

ジュバのパラダイスホテル。こちらもただのコンテナであります。

には戦車が転がり、道路は未舗装で泥だらけ。戦地から帰ってきた人々が就労できるためのさまざまな試みを、ＪＩＣＡをはじめ各国の国際機関が共同で行っている時期でした。

宍戸　池上さん、いまジュバを訪れるとびっくりすると思いますよ。なんと10階建てのホテルが建設中です。しかも地元資本です。

池上　10階建てのホテル！　わずか3〜4年しかたっていないのに隔世の感がありますね。２００９年の取材で私たちが泊まったのはその名も『サハラリゾートホテル』。その実態は、というと、貨物用のコンテナを横に並べて、中にベッドを置いただけ。近くにあった『パラダイスホテル』もやはり同じようなコンテナ製。「あれで、リゾートかあ、パラダイスかあ」と思わず独り言を言ったら、宍戸さんに「以前はテントを張って泊まっていたのですから、それに比べればパラダイスです」と言われたことをよく覚えています（笑）。

宍戸　そうでしたね。あれが「パラダイスホテル」ならば、10階建ての新しいホテルはさしずめ『ヘヴンホテル』とでもいうべきでしょうか（笑）

池上　ホテルの話1つとっても、ここ数年の南スーダンの急激な変化がよくわかります。

宍戸　２０１１年に独立を果たしたばかりの南スーダンは、政治的にはいまだに困難を抱えています。もともと同じ国で、内戦の相手だったスーダンとの関係は根本的には改善されていません。そのため大問題が起きています。南スーダンにとって最大の外貨獲得手段である、石油が輸出できない状態なのです。

池上　なぜですか？

宍戸　石油が産出するのは南スーダンですが、石油を沿岸部まで運ぶパイプラインはスーダンの持ち物なのです。もともとスーダンの石油は、その大半が現在の南スーダンの地域で産出していました。このため南スーダンの独立に伴い、石油資源の7割は南スーダンのものとなりました。ところが、この南スーダンの油田は内陸部にあります。中国の投資により建設した長大なパイプラインで運び、紅海から輸出していました。パイプラインはスーダンのもの。現在、スーダンと南スーダンは険悪な関係にありますから、スーダンは南スーダンにパイプラインを貸さない。かくして、南スーダンはせっかくの石油を輸出できない。結果、外貨を獲得できない。しかも石油以外の産業が育っておらず、インフラの整備も遅れている。財政的にも厳しいまま、というのが南スーダンの現状です（２０１２年当時）。

池上　と聞くと南スーダンの前途はかなり暗いように聞こえてしまいます。

宍戸　それでも南スーダンは、独立によって一歩も二歩も前進したと思います。スーダンからの独立は国際的に認められました。事実、資源開発やビジネスの権益確保、さらには未整備のインフラ需要の大きさから、海外からの積極的な投資が始まっています。消費市場の成長にも大きな期待が集まっています。

池上　課題はあるものの、独立を契機に投資マネーが集まり始めているわけですね。

宍戸　その通りです。アフリカ全体でも、この10年で経済規模は4倍に成長していますが、石油の採掘が進み、輸出量が増えた上に、国際的に石油価格が高騰した、という背景があります。ゆえに今のアフリカの経済成長は資源価格に依存した非常に脆弱なものではないか、という説もあります。しかし、つぶさにアフリカ各国の経済成長を眺めると、決して資源頼りだけではないことがわかります。中国やインドといった新興国からの投資が増え、消費市場が伸びつつあります。

注目点 03
中国が圧倒的にアフリカで強いわけ

池上　今、中国の名前が出ましたが、私がスーダンを訪れた２００９年時点で、すでにアフリカにおける中国の存在感はとても大きなものでした。北部でも南部でも、私たちを見ると地元の人たちは「ニイハオ」と声をかけてきましたし、戦争の爪痕が残る南部のジュバでは、立派な中国領事館や、中国資本のプレハブホテル「北京ジュバホテル」の偉容に驚かされました。あのとき、ジュバ市内でありつけるまともな外食は、北京ジュバホテルの中華料理店のみでしたね。その後、中国の進出ぶりはどう変化したのでしょう？

宍戸　アフリカでますます元気です。中国は、欧米や日本など旧先進国と異なり、政府からの援助と民間の投資の区別がはっきりしません。援助とビジネスの垣根が曖昧なのです。社会主義国家なので、ある意味当然とも言えますが、援助と投資をまとめてでき

南スーダン・ジュバの北京ジュバホテル。パラダイスホテルやサハラリゾートホテルとは雲泥の差！

るのは、スーダンのような途上国と手を握る上でかなり効率的なやり方です。

池上　中国流の援助と投資の特徴を教えてください。

宍戸　先進国の場合、ＯＥＣＤ（経済開発協力機構）のルールの下で途上国援助をしなくてはならないのですが、中国はそれに従っていません。融資条件は非公表で、国際入札も行わない。国際的なスタンダードから外れているのです。先進国から批判されているのですが、中国は「我々は途上国なのでそれに従う必要はない」と強弁しています。

ただし、これまでは強気の中国でしたが、最近、態度を変え始めています。アフリカでの存在感が圧倒的に大きくなったからです。自分たちが主導しているさまざまな開発が国際的にどう見られているか、ようやく気にするようになってきました。

たとえば、中国が援助目的でアフリカのどこかでダム開発を手がけたとします。かつてならば、ダム建設で水没する村の住民への補償などせず、環境への配慮もせず、ダム開発を効率的に迅速にやることを最優先にしていました。こうした無謀なやり方が、さすがに改善されつつあります。地元の声を聞くようになったのです。

中国の開発スピードが速いのは相変わらずです。アフリカのどこかの国と中国のトップ同士が約束をすれば、１年以内に事業がスタートします。

先進国ならば、援助や投資による開発の内容を国同士で約束したのちも、開発地域に貴重な遺跡はないか貴重な自然はないかなど入念な調査をし、さらに立ち退きをお願いしなければいけない住民と補償について話し合い、そこでようやく開発スタートという手順をとります。けれども中国がこうした手順をとることは、まだ正式にはないのではないかと思います。

最近、アメリカのオバマ大統領が、途上国の投資に対して、「責任ある投資を！」と呼びかけていますが、その裏には、中国がアフリカをはじめとする途上国への投資についてとるべきプロセスをすっ飛ばしていることに対する牽制があるのです。

池上　アフリカへの援助や投資について、中国がとりわけ重視している分野は何ですか？

宍戸　農業です。世界最大の人口を有する中国にとって、「食料問題」は常に内なるリスクです。一方で世界の未開発農地の6割がアフリカ大陸にあります。つまりアフリカは巨大な農業生産地としての可能性を秘めています。そこで中国は今、広大な農地をアフリカで獲得して大規模農業を運営しようともくろんでいます。

ここでも問題が起きつつあります。アフリカの地元農民や地元農業に対する配慮が足りていないのです。

以前から指摘されていますが、中国は、アフリカでのダムや病院などの建設工事に必要な労働力を中国本土から連れてきてしまいます。つまり、いくら公共事業を誘致してもアフリカの地元には雇用が生まれないし、技術が移転されない。こうした中国の自前主義に対する不満が、アフリカ各国にはっきりあります。農業についても同様です。雇用創出や、地元農民との共存を考えないと、いずれ壁にぶつかる、と思いますね。

池上　そういえば、韓国もスーダンで大規模な農業を運営する、というニュースがありましたね。

宍戸　韓国がスーダンで小麦栽培のために99年間の農地借地契約を結んだ、という報道がありましたが、実際に始まっているのか、私には情報がありません。いずれにせよ、今スーダンやウガンダなどサブサハラのアフリカ内陸国では、農業開発に注目が集まっています。

池上　なぜ今、サブサハラの内陸国で農業開発が注目されているのですか？

宍戸　ご存知の通り、アフリカでは経済成長に伴う人口爆発が予測されています。一方、アフリカではこれまでコメや小麦、トウモロコシといった主食となる穀物の大規模栽培が遅れていました。結果、主食の自国生産が進んでいない。人口の増大が必至のアフリカ各国にとって、これは国家として非常にまずい状況です。

けれども、海岸沿いの諸国では真水が不足していて大規模農業を展開するのは難しい。そこでスーダンやウガンダのようにナイル川やビクトリア湖の豊富な水資源を活用できる内陸国に俄然期待が集まるわけです。そんな農業ビジネスの「匂い」に中国も韓国も引きつけられているのでしょう。

池上　２００９年夏には、私もウガンダで日本が地元の米作を支援している現場を取材しました。たしかに、経済成長が軌道に乗れば、食料需要も必然的に拡大しますから、農業開発は必須ですね。

宍戸　日本は農業技術や栽培技術の側面で一日の長があります。アフリカでも、日本の農業指導はウガンダ以外にケニア、タンザニアなどで大いに役立っています。

池上　アフリカに対する欧米各国の動きはいかがでしょう。かつて、『援助疲れ』という言葉がありましたね。80年代までの東西冷戦時代は、西側東側双方が途上国を味方につけようと安全保障を視野に入れながら援助を行ってきました。それが80年代末にベルリンの壁が崩壊し、ソ連の政治体制が終わり、東西冷戦に終止符が打たれ、湾岸戦争が起きたあたりから、欧米は途上国の援助をする余力がなくなりました。今はどうですか？

宍戸　確かに90年代は援助疲れの時代でしたが、２００１年の９・１１テロ以降、欧米はアフリカ向けの援助を大幅に増額しています。ただし、それ以上に元気なのはアジアの新興国です。たとえば、投資面では、21世紀初頭までは、第二次世界大戦以前アフリカ各国の宗主国だったイギリスとフランス、そしてアメリカからの投資が、アフリカ大陸全体への投資額の70％を占めていました。が、今は逆転していて、中国やインドなど新興国からの投資が50％に上っています。

池上　では、日本企業のアフリカ進出は、今どんな状況なんですか？

！注目点 04 日本企業の武器は、「技術」と「おもてなし」

宍戸　アフリカの天然資源は、世界にとっても日本にとっても注目すべきものです。南スーダンでは、新しい石油パイプライン建造のため、日本の大手企業が調査を続けていますし、ケニア・オルカリアの地熱発電開発では、日本企業が海外企業としのぎを削りながら、新しい発電所を建設中です（第４章に関連記事）。

池上　成長著しいアフリカの資源開発分野に、日本企業も進出を始めているわけですね。ほかの分野ではいかがですか？

宍戸　アフリカで大規模な製造業が成長しているのは、60年代から世界中の自動車メーカーが生産拠点を置いていた南アフリカなど数カ国のみ。他の国々では、まだ製造業が伸びるには少し時間がかかるかもしれません。

池上　どんな分野が成長しつつあるのでしょう？

宍戸　製造業が発達しておらず、天然資源にも恵まれていない国々では、農産物を原料とした産業に活路を見い出そうとしています。

タンザニアやウガンダ、スーダンなどでは、森林や農産物を使ったバイオ燃料の製造への取り組みが、海外企業の力を借りながら始まっています。農産物では、すでに先進国でも活用されているトウモロコシなどがバイオ燃料の原料となります。こうしたバイオ関連のための技術や機械は欧米や日本等の先進国頼みとなりますから、現地での合弁事業は今後増えていくでしょうね。

池上　中国や韓国と比べ、アフリカへの進出について、日本はまだまだ消極的、という印象があります。税金を投入する国際協力に関していうと、「なぜ日本が遠いアフリカを支援する必要があるのか」と疑問を持つ人もいるでしょうね。

宍戸　アフリカの成長はまだ始まったばかりです。そのため、現時点ではすぐに投資効果が見えるわけではありません。また、日本から地理的に遠いことも相まって、現地の情報がとても少ないということも、アフリカへの国際協力や経済進出の意義に対する理

ケニア・オルカリア地熱発電所は、はるか向こうに見える地球の割れ目、大地溝帯のあちこちから吹き出る地熱エネルギーを活用して、電気の普及率向上を目指す

解を生みにくくしています。

私自身、アフリカの国際協力の現場を長年歩いてきたので、日本企業に、そして日本の皆さんに、アフリカの実像と可能性についてもっともっと豊富で正確な情報発信をしなければ、と認識しています。

池上　宍戸さんのお話をうかがうと、戦後、日本が東アジアと東南アジアの各国を金銭的にも技術的にも相当な支援をして、その結果が今の中国や東南アジアの経済発展に結びついたことを思い出します。

国際協力は、成果が出るまで時間がかかります。今やその効果がはっきり評価されているアジアに対しての戦後の国際協力についても、かつては「カネの無駄遣い」「日本にそんな余裕はない」と否定的に報じられることが少なくありませんでした。

宍戸　そうですね。

池上　けれども、各国が経済的に離陸するまで日本が責任を持って援助した結果、ＡＳＥＡＮ諸国と日本とは戦争を超えて良好な関係を築くことができ、また「東アジアの奇跡」と呼ばれる驚異的な経済成長を促すことができました。数十年単位で見れば、ちゃんと投資効果が出たわけです。アフリカでも同じことがいえそうですね。

宍戸　本当にそうなんです。数年単位でなく数十年単位でアフリカと一緒に成長しようという発想が、国際協力を成功させるための非常に重要なポイントになります。

アフリカと日本は、相互補完関係にあります。日本には、技術があります。マネジメント能力もありますし、さまざまな優秀なソフトも持っています。一方、アフリカには資源があります。広大な土地があります。そして巨大な市場があります。相方がタッグを組めば、とても大きな効果を産み出せるはずなのです。

池上　日本の知恵と技術をアフリカで活かせば、アフリカを豊かにできるし、回り回ってその恩恵は日本にも還ってくるということですね。

注目点 05 手つかずの10億人マーケットはビジネスチャンスの宝庫

宍戸　話はちょっと変わります。興味深いのが、２００８年にアメリカで起きたリーマンショックのアフリカに対する影響です。２００９年にはヨーロッパではギリシャに端を発した経済危機が起りました。かつては、ヨーロッパがくしゃみをしたらアフリカは風邪を引くと言われるくらい、アフリカは先進国の経済状況の影響を大きく受けていたのですが、実はリーマンショックやユーロ危機の影響を、アフリカはさほど受けていないのです。

池上　なぜ、あれだけの経済危機の影響を、アフリカは受けなかったんでしょう?

宍戸　先ほどご説明したように、アフリカにおいて欧米からよりも新興国からの投資が相対的に大きくなったことが大きいと思います。今、アフリカ各国の首脳クラスははっきりと「援助より投資が欲しい」と明言しています。

かつての宗主国であるヨーロッパやアメリカからの援助や投資を「新植民地主義」と呼ぶアフリカの人たちがいました。たしかに欧米が利益誘導を狙って、援助とセットで欧米的な制度の導入を強要してきたという事実があります。アフリカ諸国の人々はこうした動きに反発を覚えていました。けれども、第二次世界大戦終了から60年以上たち、アフリカ諸国の大半が独立した「アフリカの年、１９６０年」から半世紀以上が過ぎました。アフリカは今、明らかに欧米の植民地支配から自立したと自ら実感しています。

ここに日本のビジネスチャンスがあります。アフリカは、対等なビジネスのパートナーを求めています。一方で、アフリカは、まだまだ先進国の協力を必要としています。日本はヨーロッパのようにアフリカを植民地にした過去もなければ、アフリカの人々を奴隷にした歴史もありません。日本は過去にアフリカに対して嫌われるようなことをしていません。このため日本はアフリカにおいて信頼されていると考えていいと思います。

池上　日本だからこそ期待されている業種・業態はありますか？

宍戸　まず、アフリカで短期的に注目すべきは、中産階級の台頭です。成長著しいアフリカでは、中産階級の所得水準が凄まじい勢いで上がっています。政府や軍の特権階級でなくビジネスで高級車や高級アパートなどをごく普通に持つ富裕層も生まれつつあります。この市場は狙い目ですね。

池上　アフリカというと、すぐにＢＯＰ（ベース・オブ・ピラミッド）と呼ばれるような低所得市場を思い浮かべてしまうのですが。

宍戸　もちろんＢＯＰ市場は有望ですが、低所得市場は中国や韓国など新興国との激しい競争が予想されます。日本企業が得意な分野としては、むしろ中産階級向けの商品を届けるのが大きなビジネスチャンスにつながると言われています。

池上　ＢＯＰというのは、ベース・オブ・ピラミッド。つまり、経済的にピラミッドの一番下にいる低所得者層のこと、そしてそこをターゲットにしたビジネスのことですね。しかし、もはやアフリカビジネス＝ＢＯＰだけではないと。

宍戸　ある日本の自動車メーカーのトップが「アフリカへの投資が増え、産業が栄え、富裕層が増えれば、より高い自動車が売れるはずだ」と話していました。その通りです。自動車に限った話ではありません。食品や医薬品など各分野のメーカーも、アフリカの中産階級市場に大きな関心を持って今、アフリカの市場調査を行っています。

現時点で、アフリカの経済というともっぱら資源にばかり注目が向きがちですが、ＢＯＰのみならず消費市場としてもっともっと注目すべきだと思います。何せこれからの数十年、世界で一番人口が増加する地域です。欧米企業は盛んに進出していますし、韓国や中国の企業も目立ち始めています。この流れに乗り遅れてはいけないですね。

池上　「今のアフリカは高度成長期直前の日本」という先ほどのたとえを援用すると、高度経済成長期に日本でどんなものが売れていたのかを分析すれば、アフリカで売れるものが必然的に見えてくるかもしれません。１９５０年代後半には「白黒テレビ、冷蔵庫、洗濯機」の三種の神器が、60年代半ばには「カラーテレビ、カー（自動車）、クーラー」の３Ｃが、消費市場を牽引しました。

日本製テレビが並ぶケニア・ナイロビのショッピングモール。日本の家電量販店と変わらぬ風景に中産階級の台頭が実感できる。

宍戸　その感覚、わかります。携帯電話のように新しい時代の商品も売れていますが、生活必需品のラインナップは、今も50年前も大して変わっていません。まずは基本の家電製品を揃え、若者はバイクを、中産階級は自動車を移動手段として求める。ある企業の方がおっしゃっていたのは、過去のアジアの経験では、１人あたりのＧＮＰが年間１０００ドルを超えると、急速にバイクが普及したというのです。アフリカでは今まさに多くの国がその１０００ドルを超えようとしています。耐久消費財が爆発的に売れる素地ができつつある証左でしょう。

池上　日本がそうだったように、アフリカでも経済が発展していくと、それぞれの段階で求められる製品が変わってくるでしょうね。中間層が増えると、新しい消費が生まれてくる。さらに豊かになるとさらに新しいマーケットが広がる。その段階に合わせて企業も戦略を変える必要がありますね。

宍戸　中産階級向けのビジネスでは、韓国との競合が避けられません。携帯電話も、かつては北欧のノキア製が主流を占めていましたが、今は圧倒的に韓国のサムスン製が席巻しています。

池上　２００９年にウガンダを訪れたときには携帯電話市場ではノキア全盛でした。わずか4年弱で主役が交代したわけですか。時代が移り変わるのは本当に早いですね。ノキアはライト付きの携帯電話をヒットさせました。アフリカではいまだに電力普及が遅れている地域がけっこうあります。このため懐中電灯代わりにライト付き携帯電話を使えるという潜在ニーズを掘り当てた、というのはたいしたマーケティング力でした。でも、あっと言う間にスマホの時代になったのですね！

注目点 06
電気が足りないアフリカを照らすのは「地熱発電」

池上　日本企業に勝ち目はあるでしょうか？

宍戸　ひとつのアイデアは、携帯電話を活用した各種サービス分野の参入ですね。アフリカでは、あらゆる国で携帯電話が爆発的に普及しています。この携帯電話と、高度なシステムとセットにしたさまざまなビジネスは可能性があると思います。

池上　たとえばどんなケースが考えられるでしょう？

宍戸　ケニアでは、英国の支援もあって地元の携帯電話会社サファリコムが携帯電話を使った送金サービス「エムペサ」を２００７年から開始しており、今では多くの庶民が

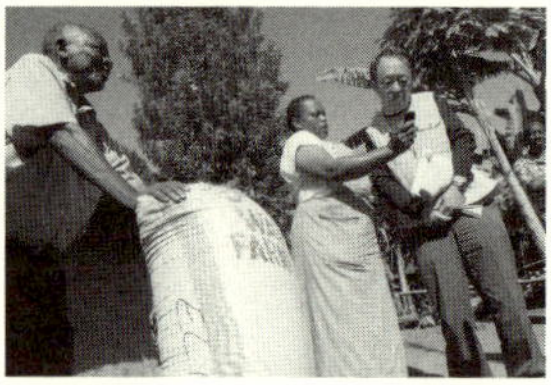

電気も通らぬケニアの農村で、ケータイの送金サービス「エムペサ」を使ってコメを買う村のおばさん

エムペサを利用しています（第3章に関連記事）。ケニアのみならず、アフリカの多くの国では、日本のようにコンビニエンスストアもATMも金融機関の支店もありません。このため、とりわけ都市から離れた地方では、お金の送金や決済にとても苦労するのですが、携帯電話を利用したエムペサのような送金サービスは、大掛かりなインフラや設備がなくても、全国を網羅する送金網をすぐに普及することが可能です。ケニアのエムペサのような送金サービスがいまだに普及していないアフリカ諸国はいくつもあります。まだまだ開拓余地のある市場でしょうね。

池上　エムペサの話、私もケニアの農村で取材しました。他にどんな市場が有望でしょうか？

宍戸　橋やトンネルなどを建造する土木技術は、インフラの整備が遅れているアフリカでは活躍の場がたくさんあります。道路を舗装して通すだけならば、他国の技術でも対応できますが、橋やトンネルづくりとなると、山川が多く降水量も多い日本で鍛えられた土木技術に高い競争力があるはずです。

廃棄物ビジネスも有望です。資源開発がブームになったアフリカでは、負の遺産として、環境汚染を招くさまざまな廃棄物の処理が問題となっています。こうした廃棄物の処理や排水の浄化、リサイクルも日本企業のお家芸です。アフリカで資源開発が進めば、廃棄物も増えてきますから、必然的に廃棄物処理の技術に対するニーズも高まります。

池上　電気や水道といった社会インフラ市場で日本の力は活かせますか？

宍戸　電力不足は、アフリカの経済発展を妨げる最大のボトルネックとなる課題です。

発電所の建設は、各国にとって重要課題なのは間違いないですね。ただし、相対的に安価な火力発電所の分野でいうと、日本企業が建設工事の入札で落札できるかというと、なかなか難しいのが現状です。

池上　なぜですか？

宍戸　価格競争が激しいからです。火力発電所に関するプロジェクトは、韓国をはじめとする新興国が受注するケースが増えています。通常の火力発電に関しては、ある程度技術面で天井を打っていることもあり、明確な性能差が出しにくいのです。となると、やはり「安い」ところに負けてしまうんですね。

一方で、日本が得意とする発電への期待もあります。地熱発電がいい例です。火山国日本は、世界有数の地熱発電技術を持っています。アフリカでは、地熱発電の可能性がきわめて大きいんですね。人類発祥の地でもある東アフリカの大地溝帯は、地球の割れ目で地熱発電を開発しやすい。このため大地溝帯が横断するエチオピアとケニアとタンザニアは地熱発電のポテンシャルが高いのです。開発が進むと、ケニアでの電力消費量の３分の１は地熱でまかなえるという試算もあります。地熱発電の開発は、今後長期にわたると考えられるので、日本にとっても有望な分野です。

池上　ケニア・オルカリアの地熱発電は、現地取材を行いました。日本企業がたくさん技術供与をしていますね（第４章に関連記事）。

宍戸　社会インフラといえば水道ですが、こちらは大いに有望です。日本の公共水道は世界最高水準であり、日本の技術力が高く評価されている分野です。アフリカでは水道の普及も遅れていますから、需要も大きいといえるでしょう。それに、アフリカでの水道敷設の国際協力で、日本側にも思わぬ効果が生まれています。

池上　どんな効果が？

宍戸　横浜市水道局では、現役職員をアフリカへ派遣して、現地で技術指導を行っています。横浜市ではもう新しい浄水場を作ることはありません。既存の水道網を大規模に作り替えることもありません。日常のメンテナンスが日本での仕事の中心です。

　それがアフリカに行くと、ゼロベースで水道インフラを立ち上げなければいけない。条件も日本に比べると劣悪。やることが無限にある。だからこそ、若い水道局の職員たちにとって、ものすごい「勉強の場」になるそうなんです。他国への国際協力が同時に技術研鑽と技術継承の場にもなる。まさに一石二鳥です。そう横浜市水道局関係の方から伺いました。

池上　水道技術で思い出しましたが、２００９年にスーダンを訪れたとき衝撃的な風景に出くわしました。スーダンの首都ハルツームは砂漠の真ん中にある町なのに、妙に緑が多いんですね。街路樹が青々としているので、ここで働く日本人に「緑が豊富ですね」と話したら、「水道管から水が漏れているからですよ」って（笑）。

宍戸　そうそう！　地下に埋められた水道管に沿って木が生えているんです。水漏れの結果です。水道技術の協力が進めば、スーダンの水漏れ街路樹はなくなるでしょう。

池上　あの街路樹がなくなるのは、ちょっと寂しいですね（笑）。

!

注目点

07 欧米が見放したアフリカを救った日本の「すごい会議」

池上　日本政府は、長年「アフリカ開発会議（＝ＴＩＣＡＤ）」を開催しています。一般の方にはちょっとなじみがないかもしれませんが、２０１３年6月には5回目のＴＩＣＡＤが開催されました。そもそも、なぜ日本がアフリカ開発をテーマとした国際会議を主催するようになったのでしょうか？

宍戸　きっかけは１９９０年代初頭の冷戦の終結と、その後の欧米の「援助疲れ」があります。１９９３年に第1回ＴＩＣＡＤが開催されたのですが、ちょうどその直前にベルリンの壁が崩壊し、ソ連が歴史の幕を閉じ、冷戦が終わりました。するとかつての東西両陣営が、アフリカ諸国を自陣営に取り込むための援助をする必要を感じなくなったんですね。熱が冷めたのと相前後して、当時援助額が世界一であった日本が外交的にもイニシアティブをとるためにＴＩＣＡＤはスタートしました。

池上　たしかに80年代までの途上国援助の裏には、米ソ東西陣営による冷徹な陣地合戦が背景にありました。時には戦争や内戦までがセットになっていました。アフリカの援助も例外ではなかったわけですね。それが冷戦の締結で、アフリカを援助する名目がひとつなくなってしまった……。

宍戸　その通りです。ただ、90年代初頭を振り返ってみると、アフリカの抱える問題は解決するどころかむしろ深刻化していました、東西の陣営の区分けがなくなった代わりに、内戦が頻発し、貧困や飢饉などがアフリカ大陸を襲っていました。

このままアフリカを立ち止まらせてはならない。そこで日本が手を上げて、国連などと協力しながらアフリカの開発をアフリカ各国と考えていく場を設けようとした。それがＴＩＣＡＤの始まりです。93年以来5年に一度開催され、２０１３年は20周年、５回目のＴＩＣＡＤとなります。

池上　一方で、中国が、ＴＩＣＡＤとそっくりの会議を開催しています。アフリカ各国の閣僚らを北京に招き、アフリカサミットと称し、アフリカ進出の地歩を固めていますね。なんだか、おいしいところを相当持っていかれているような感じも受けますが……。

宍戸　中国政府も、アフリカ開発のための会議を２０００年から主催しています。あちらは3年に一度、アフリカ各国の閣僚を招いています。しかも、２０１２年の会議では「向こう3年間で２００億ドル」の援助および投資を約束しています。日本が前回の２００９年のＴＩＣＡＤで表明した「5年で40億ドルの円借款」と比べるとまさにケタ違いの規模です。もちろん、前述のように中国の支援額には民間投資も含まれていますので単純な比較はできません。それにＴＩＣＡＤ-Ｖは、日本だけでなく、支援国・機関全体がアフリカ開発の方向性を考える会議ですので、性格はかなり異なります。

池上　中国、韓国などアジアの新興国は、アフリカの経済に相当食い込んでいますね。

宍戸　ＴＩＣＡＤの開催によって、アフリカ各国と日本の関係は確実に深まりました。元々、１９９３年以前からさまざまなかたちで日本はアフリカにインフラ整備や医療や教育の普及などの国際協力を地道に続けています。この積み重ねでようやくアフリカが安定してきた頃に、中国がおいしいところを持っていこうとしている、という感はありますね。

注目点

08

道路と港を整備しないと、アフリカ経済が成長しない理由

池上　長年続けてきた日本からアフリカへの国際協力は報われていないのでしょうか？

宍戸　そんなことはありません。「継続は力なり」は、国際協力で絶対欠かしてはならない基本スタンスです。アフリカで日本の商社の方々とお話をすると、現地に張り付いて地元と付き合い、投資を止めず、事業を続けることの重要性を気づかされます。現地に駐在する商社マンの方に訊くと、90年代後半の不況時にアフリカの支店を閉じてしまった同業他社がいるそうですが、今になってアフリカに進出しようにもすでに基盤がなくなり、ビジネスチャンスの情報を取るのも苦労しているとのこと。国際協力にしても、企業活動にしても、アフリカに根を下ろそうとするには継続的な先行投資が欠かせないというわけですね。

池上　ただ、中国や韓国など後発国に追い越された点がある、ということは足りない部分もあった……。

宍戸　もちろん、日本のアフリカへの国際協力や投資については、反省すべき点もありますね。リスクをとる決断ができなかったために、いささか腰が引けていた感があります。アフリカ進出に関して後発の中国は、日本に追いつき追い越すために、なりふり構わずそれこそ国を挙げてアフリカ市場をこの手でつかもうとしました。

日本政府は、企業が積極的にアフリカ進出できる環境をつくる必要がありますし、企業にもより積極的に情報を分析して、時に大胆にアフリカに向かってほしいと思います。

池上　日本企業の進出を妨げている要因に、アフリカ各国のインフラの未整備もあるのではないでしょうか。これも3年前の２００９年のアフリカ取材での経験ですが、南スーダンの中心都市ジュバでは、道路が未舗装で穴だらけ。車ものろのろ運転でないと進めません。電気も満足に通っていません。飲料水はペットボトル頼み。道路や電気や水道のような社会インフラの整備なしに近代的な成長は見込めないな、と感じました。

宍戸　私が案内しただけに、よくわかります(笑)。

池上　第二次世界大戦後、アメリカから日本へ視察に来たワトキンス調査団は、帰国後、「日本には道路がない」と報告をしたという逸話が残っています。「あるのは道路予定地だけだ」と。つまりまったく舗装されていない砂利道だけだったわけです。その後、日本はものすごい勢いで道路を整備し、それが日本全国を結ぶ物流網として機能し、経済成長の後押しをしました。いま、アフリカのインフラ整備は、どんな段階でしょうか？

宍戸　アフリカの経済成長を促す上で、社会インフラ、とりわけ物流インフラの整備は喫緊の課題です。なにせアフリカ大陸は広い。また、自国の港を持たない内陸国はどう

南スーダン・ジュバ市の住宅の裏には戦車が落ちていました。　ここに戦車が！

しても輸送上のハンデを負っています。そんな内陸国がアフリカには16カ国もあります。隣の沿岸国の港に安全に迅速にアクセスするにはどうすればいいのか？　アフリカの成長は道路整備を筆頭に港湾整備など物流インフラの充実が大きなカギを握っています。

池上　物流インフラが未整備だと、具体的にどんな問題が起きますか？

宍戸　さまざまなコストが場所によっては大きくかかってきます。私がスーダンに勤務していた2009年頃の調査だと、たとえば学校を新たに建設する場合、内陸国である南スーダンのジュバと、インド洋に面したケニアの首都ナイロビでは、建設コストに5倍もの差がありました。もちろん港を持っているケニアのほうが圧倒的に安いわけです。ジュバでちゃんとした建物を造るには、建築資材をケニアの港から陸路で運ばねばなりません。その距離2000km。しかもそのうち500kmは未舗装路です。治安の問題もありますし、関税を通過するのにも時間もコストもかかります。一時的に貨物をストックしておくコストもかかります。トータルの物流コストがかさみ、結果として建設コストがケニアに比べて5倍も高くなってしまうのです。

池上　貧しい内陸国に学校を建てる方が、沿岸部の国に同じ規模の学校を建てるより、お金がかかってしまうんですね。貧しい国のほうが、インフラが整備されていないためにコスト高に苦しむ。アフリカには大陸内でこうした経済格差が多数存在します。アフリカ内の「南北問題」の解決も次の課題のひとつですね。

宍戸　そうです。なぜアフリカ大陸内で、国ごとの格差が是正されないのか。道路のようなハードの整備の差や立地そのものの差以外にも理由があります。実は、経済面で立ち後れている国は、「ソフト」面に問題があることが多いんですね。国の制度不備や人材不足がきわめて非効率な状態を産み出している。

税関がそうです。先ほど申し上げたように、ケニアのモンバサ港から内陸国である隣国南スーダンの首都ジュバまでは約２０００㎞離れています。輸送には陸路で単純に4～5日かかります。ところがここにケニアから南スーダンを抜ける税関の手続きが加わると物を運ぶのになんと3週間もかかってしまいます。つまり、税関を越えるために合計2週間も要するというのです。

ＪＩＣＡが取り組んでいる「ワン・ストップ・ボーダー・ポスト」は、沿岸国から内陸国へと運ばれた荷物のように越境手続きが必要なときに、手続きを簡素化する仕組みです。こうした税関の問題を解決しようとするものです。

ケニア・モンバサ港には貨物船が次々と。

池上　制度の運用面の影響もかなり大きいのですね。

宍戸　もうひとつ例をご紹介しましょう。スーダンの税関には、先進国から贈られた機械がたくさんあります。荷物チェックのためのＸ線検査装置もそのひとつです。使っているところを見ると、たしかに鞄の中のモノをチェックしているようです。ところが検査官は、Ｘ線の周波数を切り替えて各種の密輸品を探し出すという使い方ができません。このため、一般荷物の影は見えるのですが、うまく隠されたものはやすやすと通り抜けたりしてしまうのです。この話は、ほんの一例です。税関のみならず、あらゆる社会のルールやその運用の面で改善しなくてはならない問題が残っています。

注目点 09

子供たちみんなが学校に行けると、未来は明るい

池上　ソフトといえば、究極のソフトは人材そのものです。人材をつくるのは教育です。教育分野で、アフリカはどんな状況にありますか？　元兵士への職業訓練、内戦中の教育、学校へ行けなかった子どもへの教育など、考えられ得るアフリカの教育の現状と問題を教えてください。

宍戸　教育は、アフリカのみならず、あらゆる途上国への国際協力で常に最も力を入れなければならない課題です。国民に教育を施し、文字を教え算数を教え、つまり読み書

スーダンの学校校庭で復習する生徒

スーダンの粗末な教室

きそろばんを教えることで、はじめて社会と政治と経済の基盤ができるといっても過言ではありません。

アフリカでは、１９９３年からの20年間で、全体としての小学校の就学率は上昇しましたが、まだ道半ばです。特に南スーダンでは、内戦に入る以前から、学校教育という仕組みそのものがありませんでした。現在ユニセフ（国連児童基金）は、アフリカで『back to school』という取り組みを行い、学校教育が失われてしまった地域に、再び学校を作る取り組みを展開していますが、南スーダンに関しては『back』ではなく『go to school』です。なぜならば、学校そのものが内戦前から存在していなかったからです。

となると問題がもうひとつ出てきます。子どもたちの親が、学校に通う意義を理解できないのです。自分が学校へ通ったことがないために教育の必要性がわからないのです。

池上　学校そのものに通ったことのない世代が今のアフリカにはいるわけですね。

宍戸　子どもにとって、「井戸で水くみをする単純労働よりも学校に行くほうが大切なんだ」と言っても、朝、家の水が足りなくなっていれば、子どもを学校に行かせるのをやめさせ、水くみを優先させます。

南スーダン政府は教員の養成に必死ですが、学校教育の浸透そのものは、今の子どもたちが親になる世代まで、ひとつ代替わりしないと本質的な解決はできないだろう、と感じています。これは南スーダンの話でかなり特殊な状況です。アフリカ全体では、就学率が70％まで来ていますが、教育の質の改善については、これからですね。

池上　教育分野で日本が協力できることは多そうです。

宍戸　その通りです。教育の充実が経済成長に直結することをアフリカ各国も理解し始めました。人材育成に力を入れることで、海外企業の誘致もしやすくなります。やはり企業が現地採用するとなると、読み書きそろばんは必須となりますから。

池上　日本企業にとっても、読み書きや計算のできる若者がいればいるほど、進出がしやすくなりますね。

日本の経営者よ、自らアフリカに足を運べ、そして見よ！

宍戸　アフリカの人口増加率は2・5％。人口の4割は15歳以下です。非常に年齢の若い大陸だと言えます。彼らの教育水準が高くなれば、労働市場としても消費市場としてもきわめて魅力的ですね。中国とインドはそれぞれアフリカ大陸全体より大きな人口を誇っていますが、すでに人口は頭打ちですし、人件費が高くなって外資系企業にとっては進出のうまみが減りつつあります。

池上　人材育成は、究極の投資です。過去、アフリカの人口爆発は食料不足とセットでネガティブに語られることが多かったのですが、学校教育の充実を含め、人材育成という名の投資を続ければ、今後はむしろ魅力となりそうです。

宍戸　もちろん、アフリカにおける学校教育の拡充には、数々の課題が残されています。

アフリカは、文化的にも多様性があり、単純なアプローチで対応するのが難しい部分もあります。それでも、学校教育の改善は大きな成果を生むだろうと期待されています。

池上　最後に改めて伺います。この大いなる可能性を秘めたアフリカに対して、日本は何ができるでしょうか？

宍戸　池上さんのご指摘の通り、アフリカは非常に広く多様な大陸です。地域ごとに個別の戦略を立てて、メリハリのある国際協力、そして投資が必要だと思います。

経済成長が著しく、日本企業がすでに進出しているような国については、民間企業と連携した経済開発が効果的です。企業が必要する人材を職業訓練で育成したり、資源開発の民間投資があれば、港の整備をＯＤＡ事業として行う事も有効です。現地の人たちにとっても雇用が増えて、生活が改善します。

一方、まだ貧困にあえぐ国や紛争の影響やリスクを抱えた国もあります。こうした国においては、教育や医療、農業などの支援を通じての地域住民の生活向上が大切です。アラブの春の例に見るまでもなく、貧困や失業者を放置すれば必ず社会も政治も不安定になってしまいます。

国や地域の状況に合わせ、きめ細かく、個別具体的に。色々な要素を組み合わせた対応が必要だと思いますね。

池上　なるほど。「アフリカ」でひとくくりしない、ということが、「アフリカ」との付き合いで重要、というわけですね。

モザンビークの電気も通わぬ農村の子どもたち。教育が彼らの未来を創る

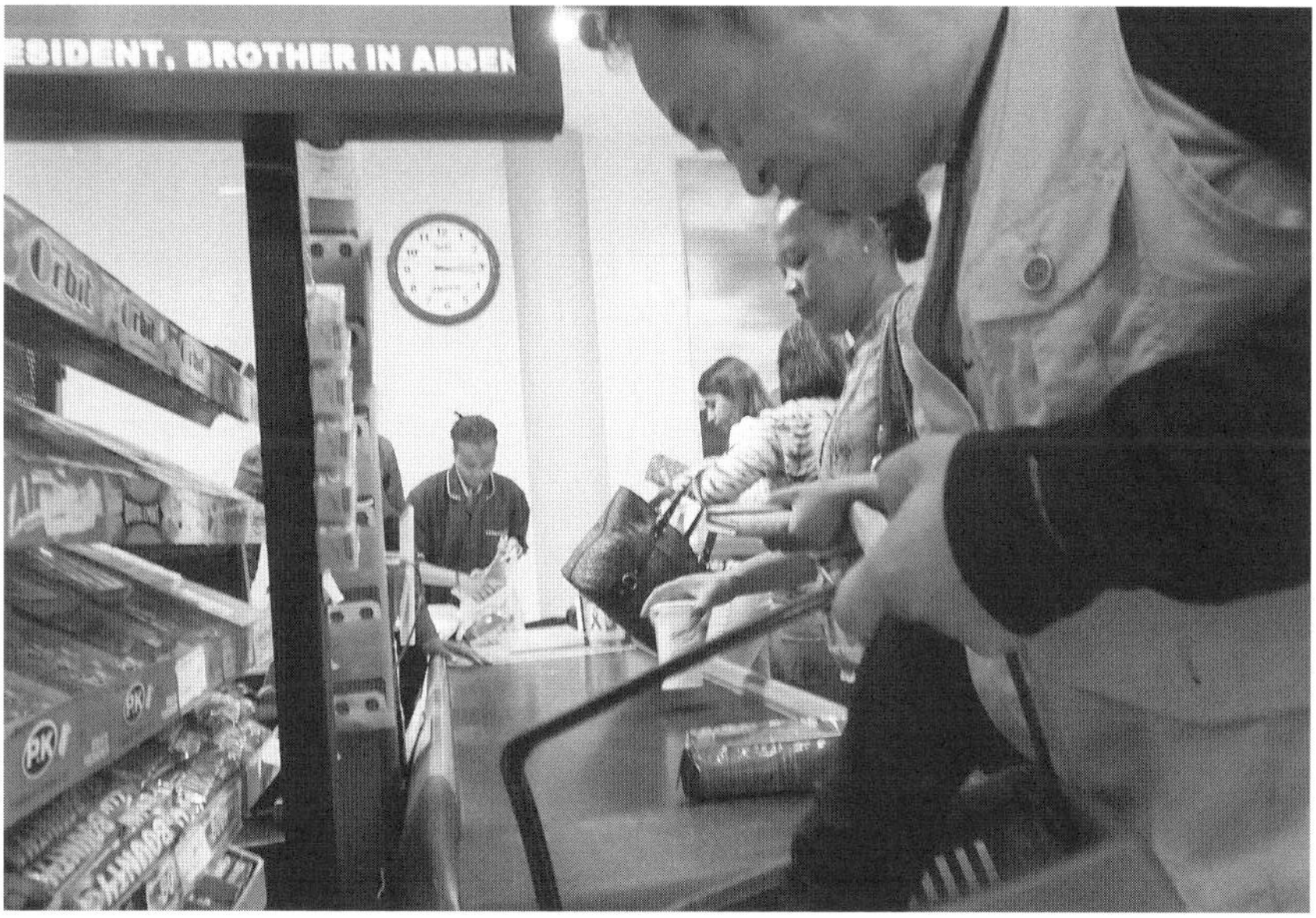

ケニア・ナイロビのショッピングモールは大賑わい。思わず筆者もおみやげをお買い物。

巨大なアフリカ大陸のどこをどう眺めれば、ビジネスチャンスが見えてくるのか、情報ゼロの状態だと、とても手間取ると思います。

ＪＩＣＡきってのアフリカ通、宍戸さんの話をまとめると次ページの「イケガミのまとめ！」で挙げた９つのポイントになります。以上を理解することが、アフリカ・ビジネスへの第一歩になります。

本書では、このポイントをすべてチェックしつつ、中でも大きなテーマとなる、物流、農業、電力、消費市場にスポットをあてて、現地取材を敢行します。

IKEGAMI'S SUMMARY

イケガミのまとめ!

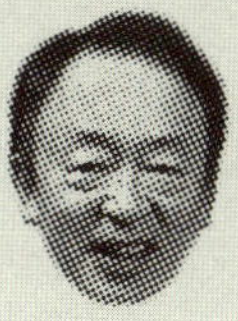

アフリカを理解するための9つのポイント

① 援助より投資!

② 政治安定で資源大陸に変身

③ 中国は要チェック

④ 日本の知恵は大人気

⑤ 10億人を手つかずのマーケットと、とらえろ

⑥ 地熱発電など日本の強みを生かせ

⑦ アフリカ開発会議に注目しよう

⑧ 物流インフラがカギ

⑨ 学校教育がアフリカの未来を創る

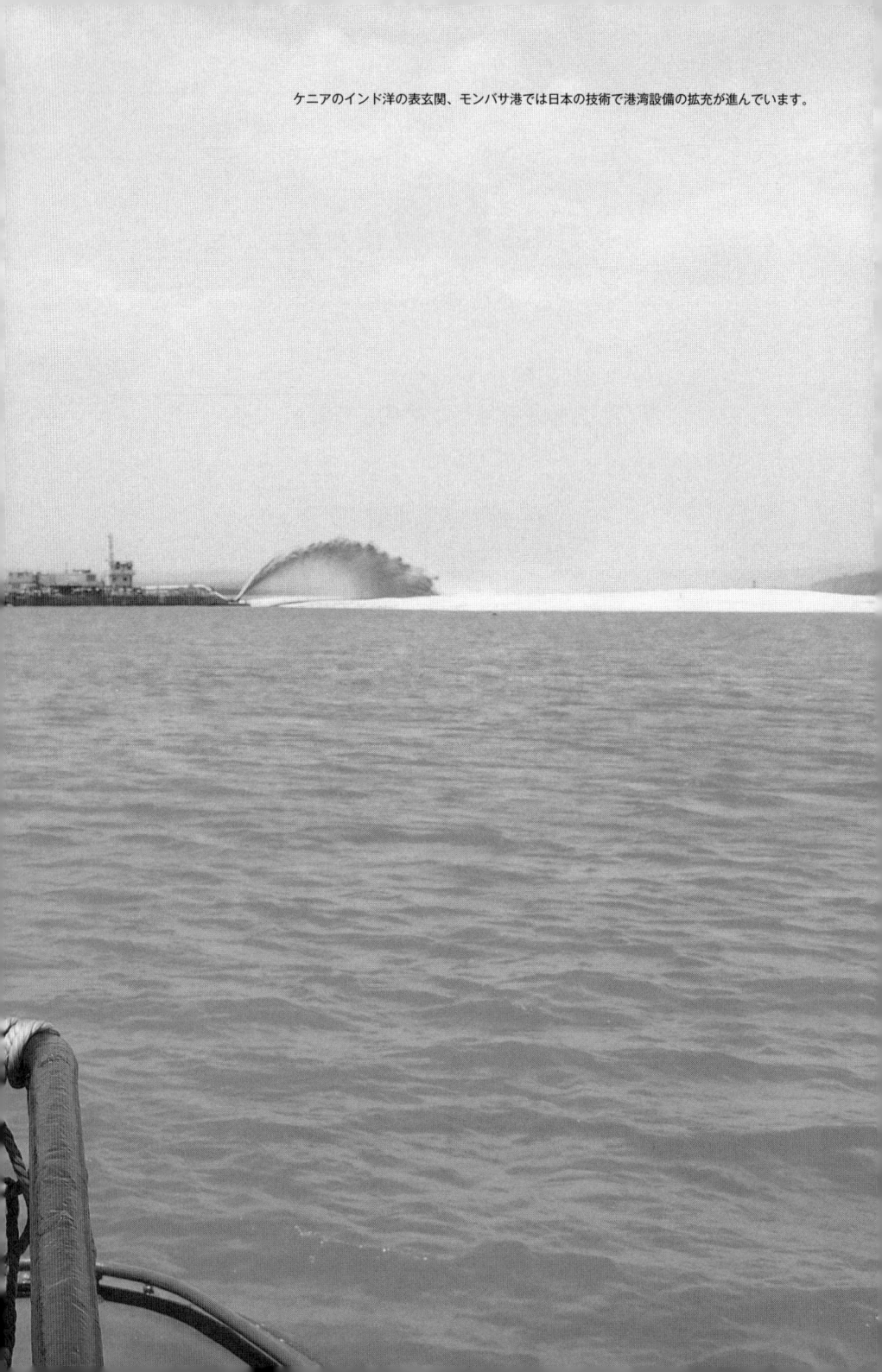

ケニアのインド洋の表玄関、モンバサ港では日本の技術で港湾設備の拡充が進んでいます。

CHAPTER 2

日本が解く！ アフリカの課題
その1 物流インフラの整備

イケガミの 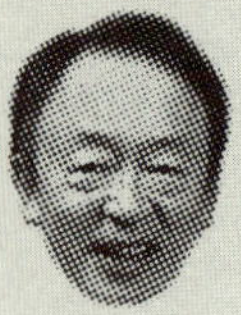 マエセツ!

道路、港――物流インフラの整備が
アフリカの発展にとって最大の必要条件であるわけ

物流インフラが必要な「大きな」現実

① アフリカ大陸は巨大。アメリカと中国とヨーロッパと日本を足したより大きい。
だから道路や港が整備されていないと、モノもヒトもまったく移動できない。

② アフリカは国の数が 54 もある。
しかもそのうち 16 カ国が、海に接していない内陸国。
港を持てない内陸国は、単独ではアフリカの外の国と貿易ができない。
つまり経済発展が一国だけでは物理的に難しい。

物流インフラにまつわるアフリカの課題

① 鉄道設備は 20 世紀初頭の植民地時代から進化していない。

② 未舗装路がまだまだ多いため、日常生活も進歩できない上に、
物流コストや人件費がかさんでしまう。

物流インフラを整備するための解決策

沿岸国と内陸国を港と道路や鉄道で結んだ
経済の「回廊」をアフリカ各地で創ろう!

なぜ、物流インフラがアフリカの発展にとって最大の必要条件なのか？

21世紀最も有望なビジネス市場として世界中から注目されるアフリカ。

ただし、その成長に絶対に欠かせないことがあります。

教育？　医療？　農業？　市場経済？　立派な政府？

いずれも安定した暮らしをするのには欠かせません。けれども、その前に絶対に用意しなければならないものがあるのです。

答えは……、道路と港なのです。つまり物流インフラです。

なぜ物流インフラの整備が、医療や教育や農業以上に重要なのか。市場経済の仕組みをつくりあげるよりも先に必要なのか。アフリカの成長にとって不可欠なのか？

理由は、アフリカの地図を見るとはっきりわかります。

①アフリカ大陸は巨大です。ヨーロッパとアメリカと中国と日本を足したより大きい。なのに鉄道が発達していません。このため移動手段、運送手段は、自動車が主役となります。自動車が主役となるためには、道路が適切に舗装されて、大陸の隅々にまで通る必要があります。道路の充実が、社会の発展と経済成長のカギを握っているのです。

②アフリカは、国の数が54と、アジアの48カ国、ヨーロッパの50カ国を上回り、一地域

としては最もたくさんの国がひしめきます。それだけではありません。海と接しておらず、港を持たない内陸国が16カ国もあります。ちなみに東アジア＋東南アジア地域で内陸国は、モンゴルとラオスとネパールとブータンのたった4つ。世界の内陸国44カ国中16カ国と、36％がアフリカに集中しているのです。内陸国は、自国の港がないため、単独でアフリカ大陸外の欧米やアジアと貿易することができません。資源を輸出するにも物資を輸入するにも、近くの沿岸国の港を借りるほかないのです。このため、内陸国は沿岸国と仲良くすることが重要です。沿岸国は自国の港を整備して、国際貿易の拠点とすることが重要です。

土地が広い。国の数が多い。しかも内陸国が多い。これが何を意味するのか。

それは、物流網の整備が経済成長のカギを握っている、ということです。道路がきっちり整備され、沿岸国の港が機能し、国境を越えた物流網ができないと、アフリカの生活も社会も経済も動かないのです。

幹線道路を整備し、拡充した沿岸国の港と内陸国をつなぐ。アフリカの経済発展には、一国を超え、複数の国を巻き込んだ、経済の「回廊」づくりが必要です。

私が取材した、インド洋に面しているケニアやモザンビークは、まさに東アフリカの貿易と経済の一大拠点になる可能性を秘めています。港湾を発展させ、隣のウガンダや南スーダン、マラウイやザンビアなどの内陸国と幹線道路でつなげば、大きなビジネスチャンスが生まれるのです。

モザンビークのナンプラ市の鉄道で1日1本の電車を待つ人々

物流インフラが充実すれば、アフリカの沿岸国が、中東、ヨーロッパ、インド、東南アジア、中国、そして日本とを結んだ「環インド洋経済圏」のハブとなり得ます。中世に栄えた「インド洋の時代」が21世紀に蘇ろうとしているのです。

01

物流革命なくして、アフリカの未来なし ルポルタージュ　アフリカの物流を歩く！

道路がでこぼこだと、あらゆる物価が高くなる

国土の広いアフリカのような土地で頼りになる物流手段、移動手段といえば、まず頭に浮かぶのが鉄道ですね。アフリカ各地には19世紀末から20世紀初頭の植民地時代に宗主国が敷設した鉄道が残っています。なんと当時の古い鉄道が今もだましだまし使われているケースが多いのです。スーダンでもケニアでもモザンビークでも1日に数本しか動かない古い鉄道を目の当たりにしました。

現在のアフリカで、物流や人の移動を昔ながらの鉄道に頼るのは困難です。頼りになるのは、もっぱら自動車です。

ケニア・モンバサ港を出入りするコンテナとトレーラー

ケニアの首都ナイロビ市のすさまじい渋滞

アフリカでは、日本車のトヨタハイエースなどのワンボックスワゴンを改造した乗り合い小型バスや、乗り合いタクシーが、庶民の足となっています。スーダンでも、ウガンダでも、ケニアでも、モザンビークでも、沢山の人たちがこうしたワンボックスワゴンを足として使っています。物流に関しても、コンテナを牽引するトレーラーやトラックがアフリカでの主役です。

その自動車が走るのは、「道路」ですね。いまのアフリカでは物流も人の移動も自動車と道路に頼り切っているのです。

ところが、ここで大きな問題がアフリカに横たわっています。

肝心の道路整備が非常に遅れているのです。結果、物流や人の移動がスムーズに行かず、結果としてコストがものすごくかかってしまう。それがアフリカの生活や社会、経済成長にとって大きな足かせになっているのです。

モザンビークなどは大半の道路が未舗装のままです。幹線道路も大型トレーラーでコンテナを大量輸送するには狭すぎるため、港や都市部で慢性的な渋滞を引き起こしています。

道路＝物流網は、国にとって身体における血管のような存在です。すばらしい身体を持っていても、血管がつまったら壊死してしまいますね。これは、そのまま道路と国の関係にも当てはまります。

そもそも、アフリカのような広大な土地で移動手段が確保されていないと、生活そのものが困難になります。学んだり、経済を大きくしたり、ということも夢のまた夢になっ

モザンビーク・ナンプラ市内はいたるところで道路工事が

てしまいます。

アフリカでは、買い物に行くにも、病院に行くにも、学校に行くにも、仕事に行くにも、道路と車がなければ、始まりません。

そんなアフリカで道路が未整備で車が思うように使えないと、あらゆる商品、あらゆるサービスに割高な物流コストが乗ってきます。すると物価が大変高くなります。

実際、アフリカの多くの国では国民の所得水準と比べて相対的に物価が高いのです。ホテルの宿泊費にしても飲食代にしても、日本並みの国が少なくありません。食料調達コストが高いから、そして物流コスト、移動コストが高いからです。

物流コスト、移動コストが割高だと、人々の生活は貧しく不便なままで国民の収入は低い、なのに人件費は高い、という理不尽な状況が起きます。それが今のアフリカです。結果、アフリカは、アジアのように人件費が安くて先進国企業が工場を移転するのに向いている地域にはなり得ていません。つまり今のままでは海外からの企業誘致も難しいのです。

道路をはじめとするインフラを整備して、物流コストを下げることがいかに重要なのか、おわかりいただけたのではないでしょうか。

モザンビークでは市内でも未舗装路ばかり

モザンビークの郊外は公道の大半がこんな具合です

ランドクルーザーまでが走行不能になる！　モザンビークの道路

アフリカの道路事情の悪さがいかに社会と経済を停滞させているのか。私は文字通り身を以て経験しました。

モザンビークを取材したときのことです。インド洋に浮かぶモザンビーク島に宿泊した私たちは、翌日朝7時30分に宿を出発し、約１５０㎞離れた内陸部の農村を訪れることにしました。

道路事情が悪く、オフロード走行が日常茶飯事のアフリカでは、耐久性に優れ、性能もいい日本製の４ＷＤ車が絶大な人気を誇ります。取材陣はトヨタ・ランドクルーザーやいすゞビッグホーンといった大型４ＷＤ車に分乗し、現地へと向かいました。

現地で取材のアテンドをしてくれたＪＩＣＡスタッフの話では、所用時間は4時間前後、お昼前にはなんとか着くだろう、とのことでした。舗装された高速道路ならば2時間足らずで着いてしまう距離です。行程の大半は未舗装の国道と地域道を走ることになるので、4時間くらいはしょうがないだろう、と思っていました。

けれども、その読みは大きく崩れました。途中の未舗装路が、前週に降った大雨のせいで2カ所にわたって通行不能になっていたのです。私たちは迂回路を通ることを強いられ、小さな村を結ぶ車1台がぎりぎり通れる、昔の農道のような（でも、れっきとした公道です！）でこぼこ道路を延々走り続けました。

ところが、あと一歩というところで、ぬかるんだ道路にはまって動かなくなったランドクルーザーに出くわしました。そして同じく、私たちのビッグホーンも同じ場所で動きがとれなくなってしまったのです。

地元の人たちの力を借りてようやく引き上げ、再び走行できるようになりましたが、目的地についたのは午後3時近く。１５０㎞を移動するのに7時間以上もかかってしまったのです。

7時間あれば、自動車ならば東京から神戸まで移動できますし、新幹線だったら東京から博多まで移動して2時間おつりがきますし、飛行機だったら日本からタイやマレーシアまで移動できてしまいます。

それでも私たちの場合、高性能の４ＷＤ車があったおかげで移動できました。まだまし、と今のモザンビークでは思わなければなりません。

多くのアフリカの人々は自分の車を持っていません。未舗装路では自転車も走れません。未舗装路地域に住む人たちは、子供たちを学校にやることも、地域の医者にかかることも、ほんの数㎞離れた街に買い物に出かけるのも、せっかく畑でとれた作物を市場に持っていくことも、ままならないのです。

4 MP

モザンビークの「公道」の泥道にはまって動けなくなった取材車のビッグホーン。
地元の人の手を借りても脱出に１時間以上かかりました。

港を持たない内陸国は、自前で海外と貿易ができない

道路の整備は国の発達にとって不可欠ですが、アフリカにおいてもうひとつ整備しなければならない物流インフラがあります。

港です。

なぜ、港が重要なのか？

途上国が経済成長するには、先進国への輸出を増やす必要があります。人件費などが安いといったコストの優位性を武器に、資源や農産物などの一次産品の輸出に始まり、工場を誘致できたら今度は製品を輸出する。それが外貨獲得にむすびつき、経済成長の大きな原動力となる――。かつての日本も近年のアジアも、こうして成長してきました。

貿易に必要なインフラは、なんといっても港です。港が整備されていなければ、貿易はできません。日本でも横浜や神戸などの港湾が近代化を支えました。

ところが、アフリカではそもそも自国の港を持てない内陸国が16カ国もあるのです。こうしたアフリカの内陸国は欧米やアジアなど「海外」と貿易するためには、隣接した沿岸国の港を借りるほかありません。

実は、東南アジアなどと比べて、アフリカの経済成長が遅れた理由のひとつが、「港のない国が16カ国もある」というアフリカの地理的要因にありました。

東南アジア諸国は、ラオスを除き、いずれも海に接していて自前の港を持っています。

ケニアのインド洋の玄関モンバサ港。巨大な貨物船が次々と貨物を降ろす。

東南アジア諸国が経済成長した時期はばらばらです。政治的な安定が訪れたのが国によって異なるからです。80年代にいち早く経済成長を遂げたタイ。ベトナム戦争が終わった1975年から政治的混乱を経て90年代に入り経済成長したベトナム。カンボジアも内戦続きで経済成長を始めたのは1994年の内戦が終わってから数年たった2000年代に入って。インドネシアが注目されるようになったのは2000年代半ばから後半にかけて。社会主義軍事政権国家だったミャンマーがその門戸を対外的に開いたのは2011年から2012年にかけて。つい最近の話です。

タイ、ベトナム、カンボジア、インドネシア、ミャンマー5国の経済成長の時期はばらばらでした。ただし、この5国はそれぞれ自前の港を持っています。よって、それぞれの経済の成長速度や社会の変化に合わせた形で、独自に先進国と貿易を開始できました。

港を持たない内陸国が16ヵ国もあるアフリカだと

こうはいきません。

　ある内陸国の社会情勢が安定して、さあ欧米やアジアと貿易を行おう、と思っていても、隣接した沿岸国と仲が良くなかったり、あるいは沿岸国の政情が安定しなかったり、はては沿岸国の港湾設備が不十分で内陸国と整備された道路で結ばれていなかったりすると、内陸国が単独で貿易を行うのは難しくなるからです。港を持っていないと、沿岸国の事情で自国の経済成長が左右されてしまうのです。

　こんな実例があります。

　ケニアには、モンバサという大きな港湾都市があります。首都ナイロビから４５０㎞南東の海岸沿いに位置し、中世の昔からインド洋貿易の拠点として繁栄してきました。

　ケニアはこのモンバサを内陸国の貿易まで請け負う多国間貿易のハブ港にし、経済特区を設け、リゾート施設も充実させ、「アフリカ東海岸のシンガポール」のような場に育てようとしています。実際、ケニアの西の隣国ウガンダやさらにその奥のルワンダ、ブルンジ、南スーダンといった内陸国にとって、モンバサは重要な物流拠点です。

　ところが２００７年から２００８年にかけて、ケニアの首都ナイロビで大統領選にからんだ暴動が発生しました。その結果、ケニア国内の物流網は寸断され麻痺してしまいました。モンバサに荷揚げされた荷物はすべてナイロビで足止めされました。

　困ったのは隣国の内陸国ウガンダです。ガソリンをモンバサ港経由で輸入していたウガンダでは、ガソリンが一切入ってこなくなり、首都カンパラではガソリンの購入が制限されました。

このように港を持たない内陸国の経済は、常に港を持つ隣国の政治状況に左右されます。ゆえに、一国だけではなく、周辺地域全体の政治的安定が、経済成長の必須条件になるのです。

道路や港湾といった物流インフラの整備は、社会の安定、経済の成長に不可欠です。しかも、内陸国の多いアフリカにおいては、物流インフラの整備は一国単位で完結する事業ではありません。周辺国が一体となって、大きな物流インフラをつくっていく。それがアフリカの成長には欠かせないのです。

日本の少年使節も！　東アフリカはかつてインド洋貿易の中枢だった

２０１３年、私が取材したケニアとモザンビークが位置するアフリカ東海岸は、有史以来中世そして近世に至るまで、インド洋を舞台に、中東、インド、ヨーロッパ、東南アジア、さらに中国そして日本と、活発に外交と貿易を重ねてきた「貿易先進地域」でした。

アフリカ東海岸には、中東やインドからの船が何度も訪れ、さまざまな国の人々が集う国際都市がいくつもありました。私が訪れたケニアのモンバサ港、モザンビークのナカラ港、モザンビーク島もそんな国際港でした。

大航海時代、ポルトガルなどのヨーロッパ列強が南アフリカの喜望峰経由で大西洋か

ポルトガル植民地時代の趣きを残す、モザンビーク島の路地。

らインド洋へ渡る際、必ず寄ったのもこれらアフリカ東海岸の港でした。のちにポルトガル領となるモザンビークにあるモザンビーク島は、早くからポルトガル船の寄港地となり、今も島にはポルトガル植民地時代の建物がそのまま残され、住まいや観光施設として利用されています。当時の建物をリノベーションしたホテルに私も一泊しました。

安土桃山時代、キリシタン大名が派遣した天正少年使節団も、ポルトガルからの帰り道、このモザンビーク島に半年滞在していたのです。

19世紀以降、アフリカがヨーロッパの植民地となり、二度の大戦があり、その後の独立から内戦の季節を経ると、アフリカ東海岸はいつのまにか世界経済から取り残されてしまいました。

けれどもいま、アフリカ東海岸は再び歴史の表舞台に立とうとしています。インド洋が世界経済においてとても重要な場になったからです。インド洋に面しているのは、経済成長著しい東南アジア諸国とインドであり、世界のエネルギー問題のカギを握り続ける中東です。経済のグローバル化が進み、船舶による国際物流が盛んになった今のインド洋は、潜在的には、大航海時代以上の経済の中心地なのです。

そんなインド洋に面した地域で、残された最後の眠れる地域がアフリカ東海岸です。アフリカの資源輸出の拠点という意味でも、人口増大を背景とした消費市場という意味でも、将来の生産地という意味でも、アフリカ東海岸は、これから世界経済にとって重要なカギとなり得ます。ただし、その前にまず、この地域が政治的にも社会的に安定し、沿岸国と内陸国をつないだ先進的な物流インフラを整えていく必要があります。

物流インフラが改善すれば、アフリカの経済の血の巡りはよくなり、輸出が増え、物価は下がり、市民の生活水準は劇的に向上します。

現在、日本は官民挙げて、このアフリカ東海岸の物流インフラの整備に協力しています。日本の協力で、アフリカの物流インフラはどう変わるのか？

これからレポートしていきましょう。

02

アフリカの物流インフラづくりに日本が協力できること――すごい「経済回廊」

アフリカの発展に欠かせない物流インフラの整備。

日本の国際協力、そして企業進出がアフリカの物流を変えようとしています。

アフリカで日本が取り組んでいるのは、「経済回廊」をつくることです。

日本の知恵と技術とお金で、アフリカの沿岸国の港湾と内陸国とを幹線道路で結んだ、巨大な経済の「回廊」をつくるプロジェクトが、いくつも進行中です。

モザンビークでは、インド洋に面したナカラ港を開発し、マラウイなど隣国までを結んだ「ナカラ回廊」の構築がスタートしました。ケニアでは、モンバサ港を開発し、ウガンダ、ルワンダなどの隣国までを結んだ回廊づくりがスタートしています。

こうした複数の国を結んだ「経済回廊」が機能し、地域の経済が活性化するためには、道路や港などハードの整備もさることながら、「通関業務の簡素化」というソフトの進化が必要となります。アフリカが物流の面で抱えている課題と、その課題解決にあたって日本がどんな役割を果たしているのか、ＪＩＣＡアフリカ部の倉科芳朗さんにお訊きします。

アフリカ内陸国の貿易コスト

20Feet コンテナを荷卸しされた港から、対象国まで運ぶのに発生するコスト

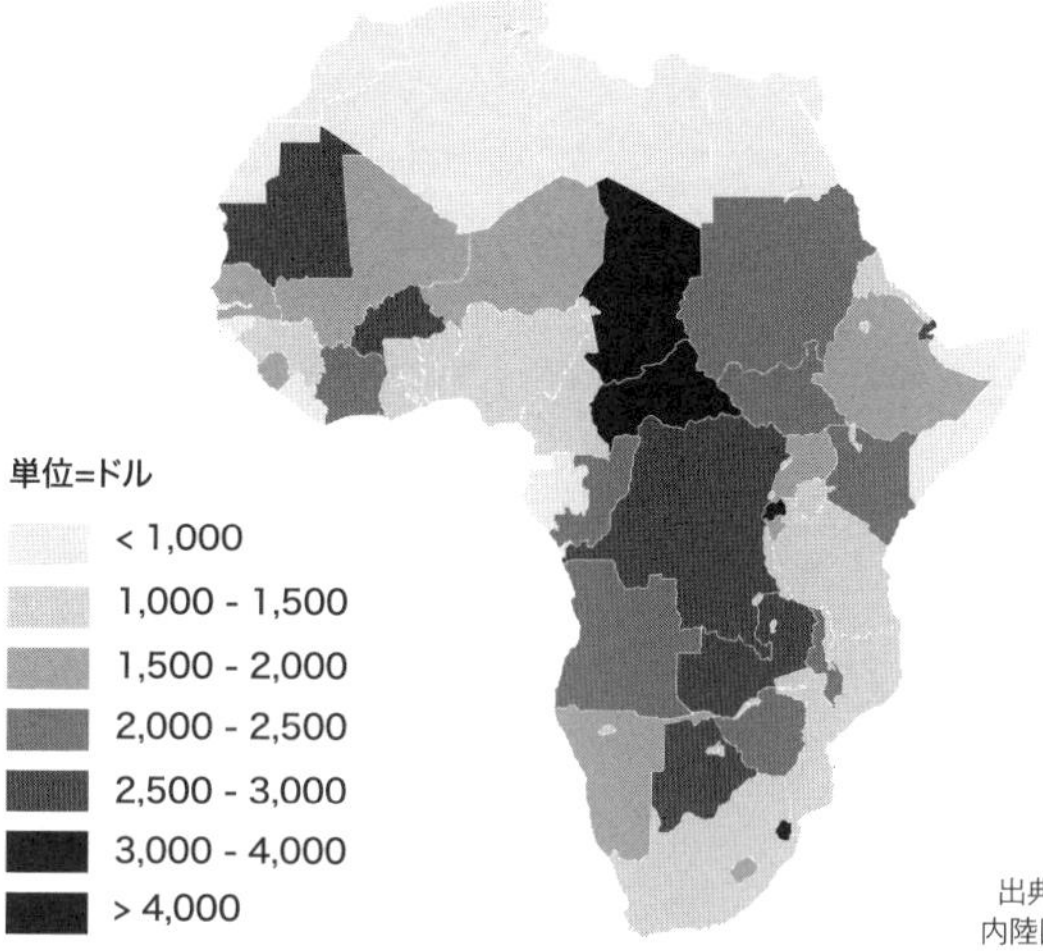

出典：CBTI JICA Phase3
内陸国は物流コストが高い！

モザンビークのナカラ港に向かうナカラ回廊の幹線道路。たった１本の道路と鉄道が、地域経済の動脈に。

海外へ運ぶコストより隣の国に運ぶコストの方が高い

池上　アフリカでは、沿岸国と内陸国の間に経済的なハンディキャップがあるのでしょうか？

倉科　あります。海外との輸出入の拠点である港湾を持たない内陸国は、当然割高な物流コストを負担しなければなりません。石油にしても石炭にしても、買うにしろ売るにしろ、海から離れるほどさまざまな物流コストが乗ってきてしまいます。

池上　物流に要するコストと時間とが、内陸国にとって、大きなハンディキャップとなってしまうわけですね。

倉科　その通りです。前ページの地図を見てください。これは輸入にかかるコストの差を示したものです。『内陸国はコスト高』なのが一目でわかります。場合によっては、内陸国から沿岸国の港へ運ぶコストが、その港から海運で欧米やアジアに運ぶコストよりも高くつくことすらあるのです。

池上　時間の面でもハンデを負いそうですね。

倉科　世界の地域ごとに輸出や輸入にかかる平均日数を調査した世界銀行のデータを眺めてみましょう。たとえば、東アジアなら輸出に21・9日、輸入に23日かかります。アフリカの場合、サハラ砂漠以南のサブサハラ地域では、輸出には31・5日、輸入には37・1日もかかっています。ちなみに、中東と北アフリカでは、輸出19・7日、輸入23日です。

アフリカの中でも開発が遅れており、内陸国の数が多いサブサハラ地域が時間の面でも貿易上の不利を強いられていることがデータでも裏付けられています。

池上　内陸国が多いアフリカは、物流面での足かせに悩まされているわけですね。

倉科　アフリカの人口の4分の1にあたる人々が内陸国に暮らしています。アジアやヨーロッパの人口の9割が沿岸国に暮らしているのと対照的です。つまりアフリカには、アジアやヨーロッパの人たち以上に、港や道路といった物流インフラの充実に頼らざるを得ない人たちが多い、ということです。なのに物流インフラの整備が遅れている。経済成長が進まないのも当然です。

池上　アジアにしろ南米にしろ、新興国市場はいずれもほとんどの国が沿岸部にあり、独自に港を持っていますね。アフリカだけがそうではない。

倉科　今のアフリカの成長ぶりは、90年代の東アジアや東南アジアの成長と比較されますが、自前の港を持てないがゆえに単独で成長がしにくい内陸国の多さは、アフリカ独自の大きな課題です。物流問題を解決せずに、アフリカ全体の成長を促すことはできません。

池上　道路の未整備は、どんな問題を起こしていますか？

倉科　ここに興味深い数字があります。アフリカでは、アフリカでの大陸内での輸出入、いわゆる域内貿易の比率が10~12%程度しかないのです。北米40%、ヨーロッパ63%と、圧倒的にアフリカ大陸外の地域との貿易額のほうが大きいんですね。

　この数字は、アフリカ圏内の市場が小さい、ということを意味しているだけではなく、道路や鉄道など陸上の物流網が貧弱なために、大陸内での経済取引の総額が伸びない、という物流インフラの未整備ぶりを象徴しています。

池上　道路の未整備が、アフリカ域内の経済成長のネックにもなっているんですね。

倉科　世銀の数字をさらに眺めてみましょう。アフリカのインフラ開発には、年間930億ドルが必要だという試算があります。930億ドルとはどのくらいの金額かと言いますと、アフリカのGDPの15%に相当します。では、必要とされている930億ドルに対して、現実はどうか。32・9%にあたる306億ドルが「インフラギャップ」と見なされています。つまりニーズに合った投資がなされておらず、達成度は7割弱にとどまっているわけです。そしてここで指摘されている、足りていないインフラの大半は、道路や港や橋といった、まさに物流インフラのことなのです。

池上　どうすればいいんでしょう？

沿岸国の港と内陸国とを道路でつなぐ「回廊」をつくろう

倉科　理想をいえば、内陸国と隣国の沿岸国の港がきれいに舗装された大型幹線道路で結ばれ、タンクローリーやコンテナを積んだトラックが高速で通行できるようになればいいわけですね。

池上　その理想、どうすれば実現できますか？

倉科　「回廊」をつくることです。

池上　「回廊」？

倉科　はい。回廊です。今、日本からアフリカ諸国に提案しているのは、沿岸国と内陸国がタッグを組み、港と道路をつないだ回廊状の巨大物流インフラを一緒に整備する「回廊」プロジェクトです。すでに、南アフリカ、モザンビーク、ザンビアといった南部アフリカ15カ国で構成する「南部アフリカ開発共同体」では、沿岸国の港から隣国までを大型幹線道路をバイパス状につなぎ、物流の動脈網を築く、18の回廊整備計画を打ち出しています。

池上　なるほど、沿岸国と内陸国とを道路でつないでしまうわけですね。回廊がすべて出来上がったら、南部アフリカの物流の問題は一気に解決しそうです。

倉科　現実にはコスト面や政治面ですぐに全部を同時に整備するのは不可能です。そこでＪＩＣＡでは、このうち南部アフリカの内陸国の発展のために優先度が高い８つの回廊に的を絞り、事業計画を立てました。

池上　取材で訪れたモザンビークを拠点とする回廊も候補に入っていました。

倉科　ナカラ経済回廊です。ナカラはモザンビーク北部沿岸に位置する歴史ある港町で、中世よりインド洋貿易の拠点の一つとして、ポルトガルや中東やインドの商人たちでにぎわってきました。

池上　実際に訪れてびっくりしたのですが、ナカラ港からほど近いモザンビーク島は、

アフリカ南部の 18 の回廊計画

アフリカ南部の「回廊」構想は、港を基点に複数の国を道路で結ぶ！

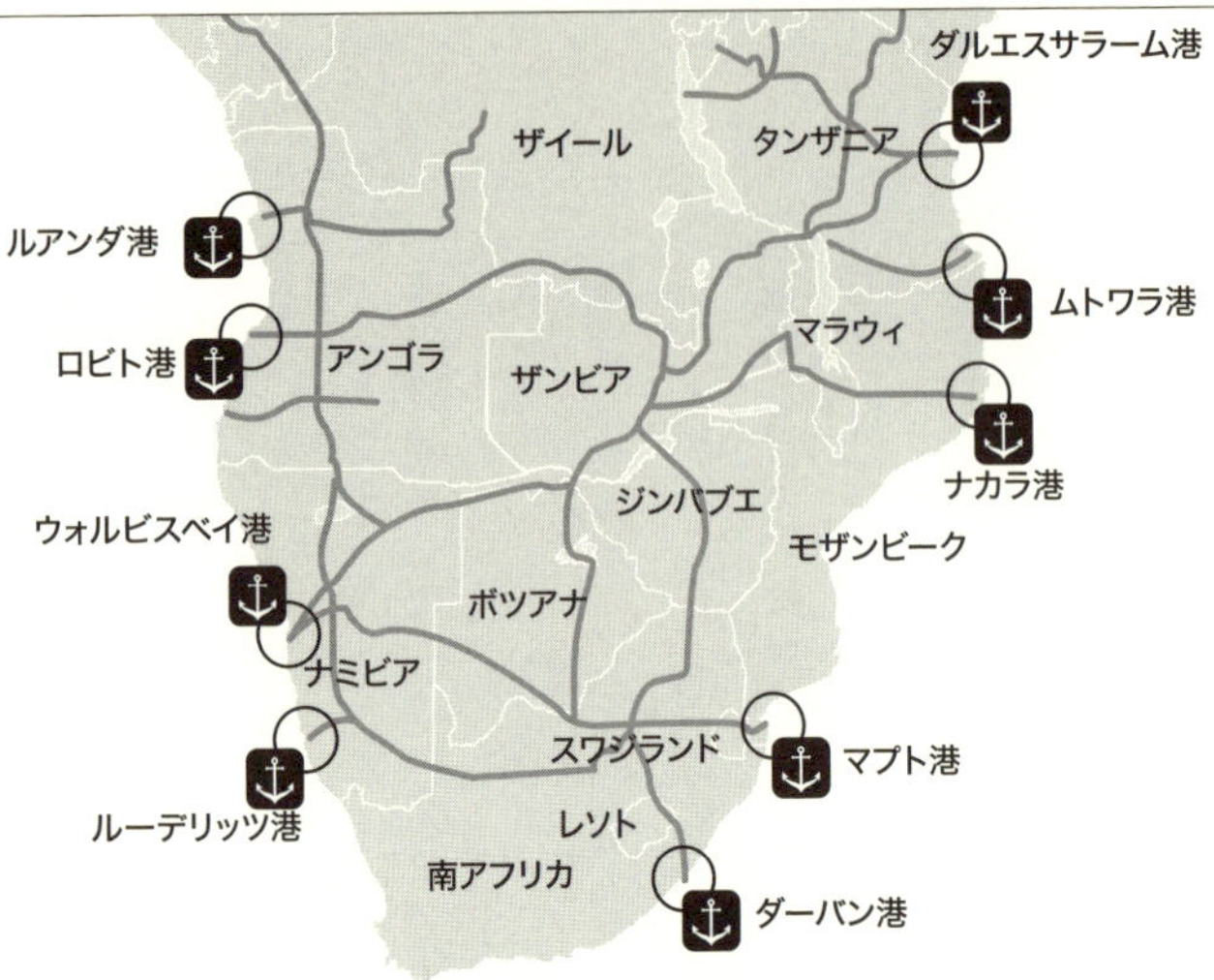

モザンビークのナカラ港。ここから「ナカラ回廊」がアフリカ内陸部へと続く。

安土桃山時代のキリシタン大名がポルトガルに送り込んだ天正少年使節団、伊東マンショや千々石ミゲルらが、日本への帰り道、半年に渡って滞在したそうですね。５００年前から日本とも縁があった場所でした。

倉科　そのモザンビークは１９７５年から１９９２年まで内戦が続き、ナカラも戦場となり、開発が著しく遅れてしまいました。このナカラ港を日本の支援によって再開発し、南部アフリカの一大貿易港に育てようとしているところです。

池上　港湾基地としての可能性は？

倉科　中世から栄えただけあってナカラは天然の良港として恵まれています。水深が14mもあるため、浚渫作業を行わなくても大型船が入港できます。アフリカの南部でかつインド洋に面しているため、日本を含む東アジア、東南アジア、インド、そして中東やヨーロッパ、はては南米やオーストラリアと、世界各地にアクセスしやすい利点があります。日本からの船も2週間に1度は入港しています。

池上　このナカラ港から幹線道路を内陸へ伸ばし、隣国につなぐ「回廊」をつくろうというわけですね。

倉科　地域最大の都市ナンプラとさらに西部の都市クアンバとを結ぶ幹線道路の改善事業にすでにとりかかっています。ナンプラからナカラまでの２００kmはすでに整備済みですので、完成すれば一気に５００km、東京から新大阪の距離に匹敵する道路網ができ上がります。

北部にあるモンテプエスとリシンガの間にも、道路改善の支援を行っています。今の道路は舗装されておらず、雨期になると通るのが難しいのですが、この地域は１３００ｍ級の高地で、周辺は農地に適しています。すでに、キャッサバや大豆、トウモロコシなどを栽培しているので、道路が完成すればこうした作物の輸出も可能となります。

　ナカラ回廊は、ザンビアで南北回廊に繋がり、その先でトランスカプリピ回廊に繋がって、最終的にはアフリカ大陸の西側、ナミビアのウォルビスベイ港まで到達する計画になっています。

池上　道路さえ整備すれば、輸出入にかかる時間が削減され、コストも減り、経済は活性化するのでしょうか？

倉科　残念ながら、それだけではダメです。輸出入に時間がかかり、コストが高い理由は、「移送距離が長く道路状況が良くないから」だけではないのです。

国際物流の効率を上げるために、通関業務を簡素化しよう

池上　どんな問題が残されているのですか？

倉科　たとえば、通関の問題です。沿岸国から荷揚げした荷物を内陸国に渡す際には、当然通関手続きが必要となります。この通関の手続きが煩雑で、現在も非常に時間がかかっています。国境を荷物が越えるための手続きが終わるまでに平均約48時間も待たさ

れたりするのです。

池上　48時間……。２日間ですか。長いですね。なぜこんなに時間がかかるんですか？

倉科　理由の１つは電算システムの未整備。税関そのものは電算化されているところも多いのですが、関係省庁にまでは及んでいません。２つめは人材不足。税関のスタッフには優秀でコンピュータに慣れている人も比較的多いのですが、関係省庁はどうかというと、事情が違うようです。３つめは権限の問題。現場のスタッフには、仕事を進める上での権限が委譲されていないことが多く、何かにつけて、上の人の判断を仰ぐ必要があります。その待ち時間が長いのです。

池上　どうすれば問題を解決できるのでしょう？

倉科　ＪＩＣＡが取り組んでいるのが、「ワン・ストップ・ボーダー・ポスト」の設置です。通関に関わる手続きを短時間に１カ所で済ませるための施設を作るわけです。同時に適切な通関業務ができる人材も育成しようとしています。日本の通関士のような制度を導入することも視野に入れています。目標の平均通関通過時間は４時間です。48時間が４時間になれば、物流効率は飛躍的に上がります。

池上　アフリカの物流整備には日本が大活躍なんですね。

倉科　すでにモザンビークには、隣国の南アフリカと日本の三菱商事とでタッグを組み、国境を超えたビジネスの「回廊」をつくりあげた、すばらしい先行事例があります。

池上　モザンビークでアルミニウム地金を精錬する「モザール社」のケースですね。

２００９年、モザール社は、南アフリカの企業ＢＨＰビリトン、三菱商事、南アフリ

マプト回廊

マプト回廊はモザンビークと南アフリカを結ぶ

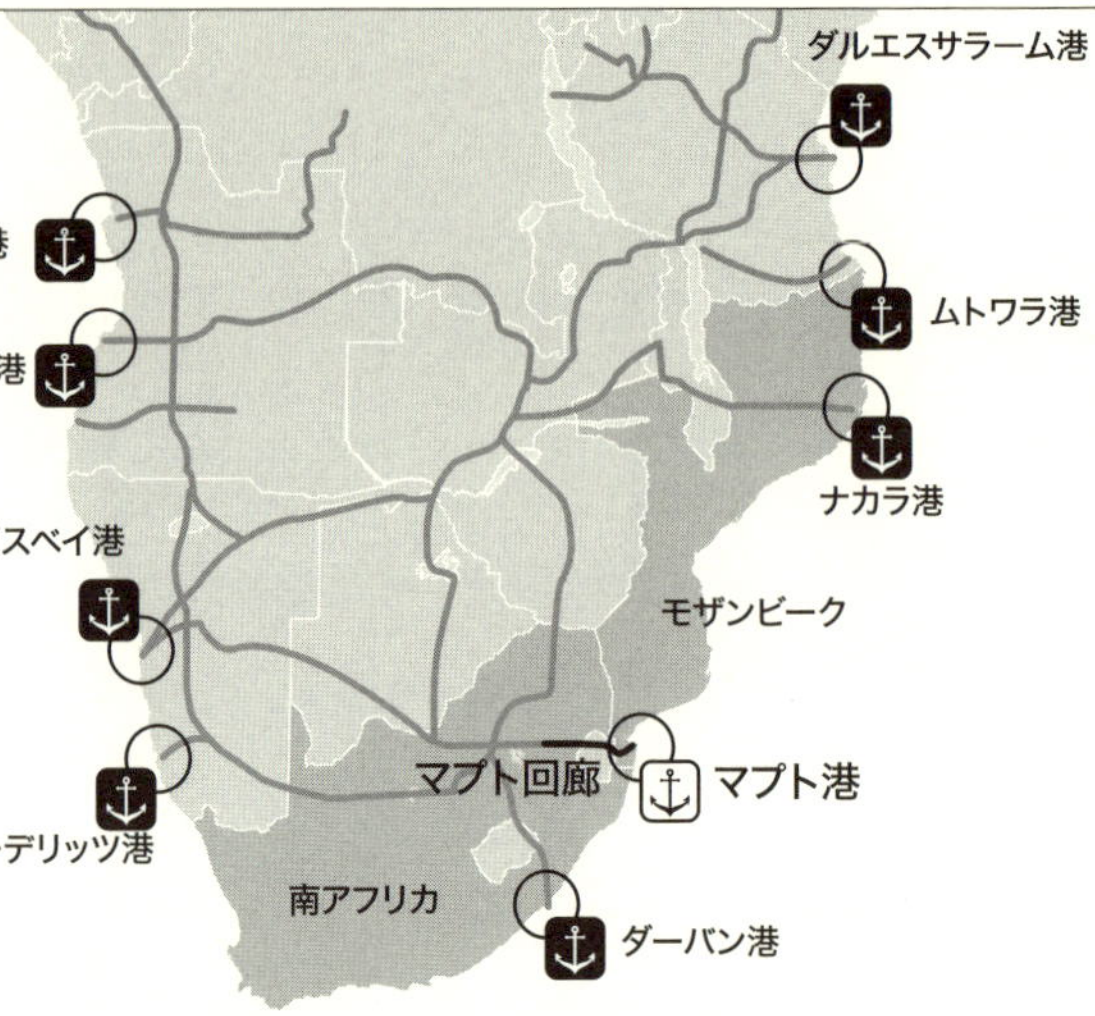

カ産業開発公社、モザンビーク政府の共同出資で１９９８年に創設し、２０００年に操業を開始しました。

倉科　１９９２年に内戦が終わったばかりのモザンビークにとって、まさに救いの神のようなプロジェクトでした。しかも、ユニークなのは、途上国であるモザンビークが高度な加工生産でビジネスを展開している点です。

池上　アルミニウムの原料はモザンビークで産出されているわけではなく、オーストラリアから輸入しているんですよね。

倉科　そうです。しかも電力は南アフリカから買っています。では、なぜ南アフリカ国内ではなくモザンビークのマプトでアルミ精製を行っているかというと、南アの首都ヨハネスブルグに最も近い貿易港は、自国のケープタウンやダーバンではなく、マプトなんです。そこで両国がタッグを組み、マプト近郊でアルミニウムを精製する工場をつくり、マプトを一大貿易港として発展させることにしました。そしてマプトとヨハネスブルグを道路でつなぎ「マプト回廊」を構築し、物流インフラを整えることで、経済発展を共に果たそう、という連携ができあがったわけです。

池上　その結果、モザールの売り上げがモザンビークの国内総生産の大半を占め、21世紀に入ってからの急成長の要となりました。多国間を結ぶ物流インフラ＝回廊を構築し、貿易港を充実させる、というのは、マプトとヨハネスブルグの回廊という、先進事例があったわけですね。国際協力の面でも、産業の直接投資の面でも、日本の存在感は、アフリカでますます増している、といえそうですか？

中国はアフリカにとって敵か味方か

倉科　いえいえ、近年目立つのは中国の進出ぶりです。たとえば、中国は２０１１年、西アフリカ地域で、エコワス（ＥＣＯＷＡＳ）という西アフリカの共同体と新たに経済協力の枠組み文書に署名をしています。これまで中国は、国ごとに支援を行い、２国間ベースでの支援を行っていたのですが、国を越えた地域のインフラ整備の支援にも乗り出してきています

池上　日本が提案してきた「回廊」構想ともぶつかりますね。

倉科　その通りです。中国は最近、対外進出企業に関してガイドラインを設置しました。

１９７０年代、日本が東南アジアへ進出していった際に経済5団体がまとめた投資行動の指針と同じ性質を持つものです。つまり、現地のコミュニティから反発を受けないように事業展開をすべきという考えに基づくものです。それまで、やや乱暴な開発を行うイメージのあった中国ですが、変わりつつあることがここからも読み取れます。

池上　アフリカの経済開発は中国の存在を抜きには語れない、というわけですか。

倉科　アフリカと中国の関係は、すでにアフリカと日本との関係よりもはるかに強く深くなっています。中国がアフリカに進出するきっかけは１９５０年代にさかのぼります。当時、建国したばかりの中華人民共和国と台湾との間では、どちらが国連に認められる正当な国家なのかが争われていました。このとき中華人民共和国の周恩来首相がアフリカを訪問し、自国への支援を徹底的に呼びかけるロビー活動を繰り広げたんですね。中華人民共和国は自らもまだ途上国だったにもかかわらず、アフリカへの援助を約束しました。その甲斐もあったのか、国連の中国代表権は中華人民共和国が逆転で獲得した経緯があるのです。いまもアフリカ大陸にある中国の大使館の数は、日本の大使館の数を上回っています。

池上　２００９年、南スーダンを取材したとき、まだ戦火の爪痕が残り、ほとんどの道路が未舗装の南スーダンの中心都市ジュバには、すでに中国の領事館やホテル２つが進出し、石油パイプラインの工事をやっていました。スーダン人は私たち日本人を見ると「ニイハオ」と呼びかける。２０１３年2月に取材したケニアでもモザンビークでも、現地の方からの第一声は「ニイハオ」。アフリカ在住の日本人に聞いたら「10年前だったら、

『コンニチハ』と声をかけられたものですけどね」と苦笑していました。

倉科　南スーダンやアンゴラなど複数のアフリカ諸国で、中国は積極的に資源開発を進めています。アフリカよりもコストの安い自国労働者を大量に連れてきて、短期間で開発を完了する。現地の雇用創出に役立っていないという非難の声もありますが、道路整備をどんどん進めてくれるわけですから、インフラ整備が急務のアフリカでは中国の進出ぶりは「待ってました！」と歓迎されています。商業資本の進出も積極的に行っています。

　さらに90年代以降のアフリカが中国の独壇場となるもうひとつの理由がありました。アフリカ諸国の中には、東西冷戦が終わった90年代に自国に圧政を敷いた独裁国家があり、それに対し欧米が経済制裁した経緯があります。スーダンなどもそうでした。結果、欧米からの援助がアフリカに届きにくい空白の90年代が生まれました。中国はその間に、一気にアフリカへの援助と直接投資を増やしました。

池上　いわゆる「援助疲れ」が欧米を覆った時期でもありましたね。

倉科　一方、日本は１９９３年から、5年に1度のアフリカ開発会議（ＴＩＣＡＤ）を始めました。２０１３年も第5回ＴＩＣＡＤが横浜で開かれました。このＴＩＣＡＤを真似て、中国は、２０００年から3年おきに中国アフリカ協力フォーラム（ＦＯＣＡＣ）を開くようになりました。２００６年にはアフリカの首脳48人を招いて、北京宣言を出し、アフリカへの投資や援助を積極的に打ち出しました。アフリカにおいて中国の存在は圧倒的です。

池上　単なる中国脅威論で済ませる段階ではないのですね。

倉科　コスト競争力の面では中国にはかないません。ですから中国が構築したインフラも利用しつつ、日本は日本ができることをやる。さまざまな高付加価値の技術の伝承や高性能な製品の導入、さらには継続的な経営ノウハウの移植など、日本ならではの得意分野を活かした国際協力と投資が必要でしょう。

池上　中国と比して日本の得意分野は何でしょうか？

人材を育てる！と、技術を伝える！が日本の強みです

倉科　現場での人材育成です。道路工事をはじめとするインフラの建設現場で、日本と、欧米や中国との違いは、現場監督自らが現場に出向いて直接指示を出すことです。欧米や中国の現場監督は、往々にしてオフィスで椅子に座っており、現場に向かうことは滅多にありません。また、工事における安全第一の姿勢も、日本流の美点としてアフリカではとても評判がいいのです。結果、日本の国際協力や企業の仕事が一段落したあとでも、日本が工事を手がけた現場では、こうした日本流のやり方が引き継がれているそうです。

池上　現場主義、安全第一主義の日本流インフラづくりが、アフリカの人たちにも強く

アピールしているんですね。２００９年にスーダンの首都ハルツームの総合病院を取材したとき、80年代に日本からの国際協力で寄付された医療機器のメンテナンスを、今でもスーダンの人たちが毎週律儀に遂行しているおかげで、古い機材が立派に機能していました。今のお話に通じます。日本の技術やノウハウの伝承力はたいしたものです。

倉科　その通りです。いくらいい機械を寄贈しても、いくらいい設備を用意しても、その使い方やメンテナンスの仕方を同時に伝えておかないと、結局宝の持ち腐れになってしまいます。国際協力の現場でしばしば起こることです。日本の国際協力の強みは、継続して使われるためのノウハウの伝承にあります。アフリカでもその強みをもっともっと活かしていくべきでしょう。

池上　物流インフラと言えば、道路や港湾以外に、鉄道はどうでしょう?

倉科　アフリカに最初の鉄道が敷かれたのは20世紀初頭。イギリスのアフリカ植民地初期の時代です。当時は自動車が普及していませんから、物流も人の大量移動も鉄道が頼りでした。それが第二次世界大戦後、アフリカ各国がヨーロッパから独立すると、鉄道は衰退していきます。鉄道の運営が宗主国のイギリスやフランスなどからアフリカ各国にまかされ、そのうちいくつかは民営化されたのですが、鉄道のような巨大単一インフラには運営にものすごいノウハウとコストと組織力が必要となるので、大半が機能しなくなったのです。その頃から自動車の存在が大きくなり、鉄道はさらに利用頻度が減りました。

池上　スーダンでもケニアでもモザンビークでも鉄道はありましたが、自動車に比べると存在感がありませんでした。

倉科　ただし、アフリカ大陸のように面積の広い地域では、鉄道の輸送力は潜在的には今でも魅力的です。政情が安定し、経済が成長し始めた国では、改めて鉄道を整備しようという動きが始まっていています。南アフリカでは、６００台近くの電気機関車を調達する計画もあります。

国境を越えた「ユーロ圏」ならぬ「アフリカ圏」の実現を

池上　アフリカの物流の話を聞くと、アフリカという土地のかたちをもう一度見直そう、というところに行き着くような気がします。今のアフリカの国境は、ヨーロッパの植民地時代に引かれた国境がそのまま受け継がれていますね。

倉科　アフリカでは国境線が直線、という場所がとても多く、ひとつの町のど真ん中に国境線があることもあります。イギリス、フランス、ドイツ、イタリア、ベルギー、ポルトガルなど旧宗主国が植民地時代に自分たちの都合で勝手に引いた国境線だからです。

　宗主国がつくった「植民地」のかたちを引き継いで、今のアフリカ諸国は独立しました。ですから、もともとあったアフリカ独自の地理や文化や民族の動きと、必ずしも国境が一致していなかったりするわけです。

池上　スーダンやルワンダ、ケニアがその典型ですが、独立後に起きた内戦や暴動の原因の多くも民族紛争の色合いが強いですよね。

倉科　19世紀にヨーロッパ勢がアフリカ大陸へ本格進出するまで、アフリカの多くの地域では、民族ごとの集団で生活していることが多く、近代国家の概念がなかった地域も少なくありませんでした。そんな地域を無理矢理近代国家のサイズに切り分けた点にアフリカの悲劇の一端があったのは否めません。

池上　今でも国より民族への帰属意識が強い地域がけっこうある、と聞きました。

倉科　20年近く前のケニアで親しい人に「あなたは何人ですか」と尋ねると、「ケニア人」という人よりも、「ルオー人です」「キクユ人です」と部族単位で答える人が多かった。つまり、どこの国に属しているかよりも、どの部族に属しているかのほうが重要なのです。ケニアでは２００７年の大統領選後に暴動が起きましたが、このときの暴動の原因もキクユ族対ルオー族の民族の争いが根底にありました。

池上　今はどうですか？

倉科　最近では「ケニア人です」と答える人が増えている。ケニアの人々の心の中にようやく「国」ができあがってきたのです。２０１３年3月4日には大統領選が実施されましたが、各候補は個々の民族の枠に囚われることなく選挙に参加するよう国民に呼びかけ、平和裏に投票が行われました。

池上　ケニア人の意識も変わってきたわけですね。日本も協力している、アフリカ諸国を物流網でつなぐ「回廊」プロジェクトは、さらに大きな多国籍事業になります。アフリカの人々は対応できるしょうか？

倉科　これからは、アフリカ諸国がユーロ経済圏のような経済圏をつくり、物流から通関までをスムーズに行う時代が到来します。それがアフリカの発展の必要条件になるからです。回廊プロジェクトはその第一弾ですね。実現には、アフリカの人々が過去の恩讐を超えて一緒に経済圏をつくっていこうと、心構えや態度を変えていく必要があります。アフリカの人々同士の、そしてアフリカとアフリカの外の人々とのコミュニケーションがますます重要になっていくでしょうね。

03

モザンビークでナカラ回廊をつくる！

南半球の国モザンビークは、かつてポルトガルの植民地でした。１９７５年に独立し、社会主義路線をとりましたが、77年から92年まで内戦が続きました。結果、経済は停滞し、アフリカでも最貧国のひとつとなってしまいました。

そのモザンビークが大きく羽ばたこうとしています。政情が安定した上に、本来の地理的な好条件が、経済面から注目されつつあるのです。インド洋に面したアフリカ東海岸南部に位置し、天然の良港を抱えているモザンビークは、グローバル時代にきわめて有利な場所にあるのです。

中世から近世にかけて、モザンビークの港は、中東やインド、そして中国から船が往来し、さらにはポルトガル船もやってくるなどインド洋貿易の要として繁栄しました。16世紀には日本からの天正少年使節団がモザンビーク島に半年滞在するなど、日本ともかかわりがありました。

アフリカが資源国として世界最後の巨大消費市場として輸出入双方で注目される今、天然の良港を有するモザンビークは、自国はもちろんマラウイや南アフリカなど近隣諸国をも巻き込んだ国際経済の拠点となり得るのです。

そのきざしが、モザンビークの稼ぎ頭、首都マプトにあるモザール社のアルミニウムの精錬事業です。モザール社はモザンビークと南アフリカ、日本の三菱商事の共同出資で98年に設立されました。モザール社のアルミ工場周辺は経済特区に指定され、オーストラリアから輸入したボーキサイトを南アの電力を活用してモザンビークで精錬、ヨーロッパなどに輸出する洗練された加工貿易体制を一気に確立しました。

モザール社の成長を背景に、マプトと南アの首都ヨハネスブルグが道路で結ばれて「マプト回廊」ができあがり、アフリカ南部有数の経済圏が育ちつつあります。

「マプト回廊」の成功を受け、モザンビークでは、港を整備した上で隣国までを結ぶ道路網を構築し、周辺地域で農業開発や工業開発を行い、国際的な経済ネットワークをつくりあげる「回廊」事業に次々と着手しています。

今回私が取材したのは、「回廊」の代表事例となりそうな、北部の港ナカラと北部最大の都市ナンプラ、さらにその奥の隣国マラウイを経てザンビアの首都ルサカまでを結ぶ

ナカラ回廊

ナカラ回廊はモザンビーク、マラウィ、ザンビアを結ぶ

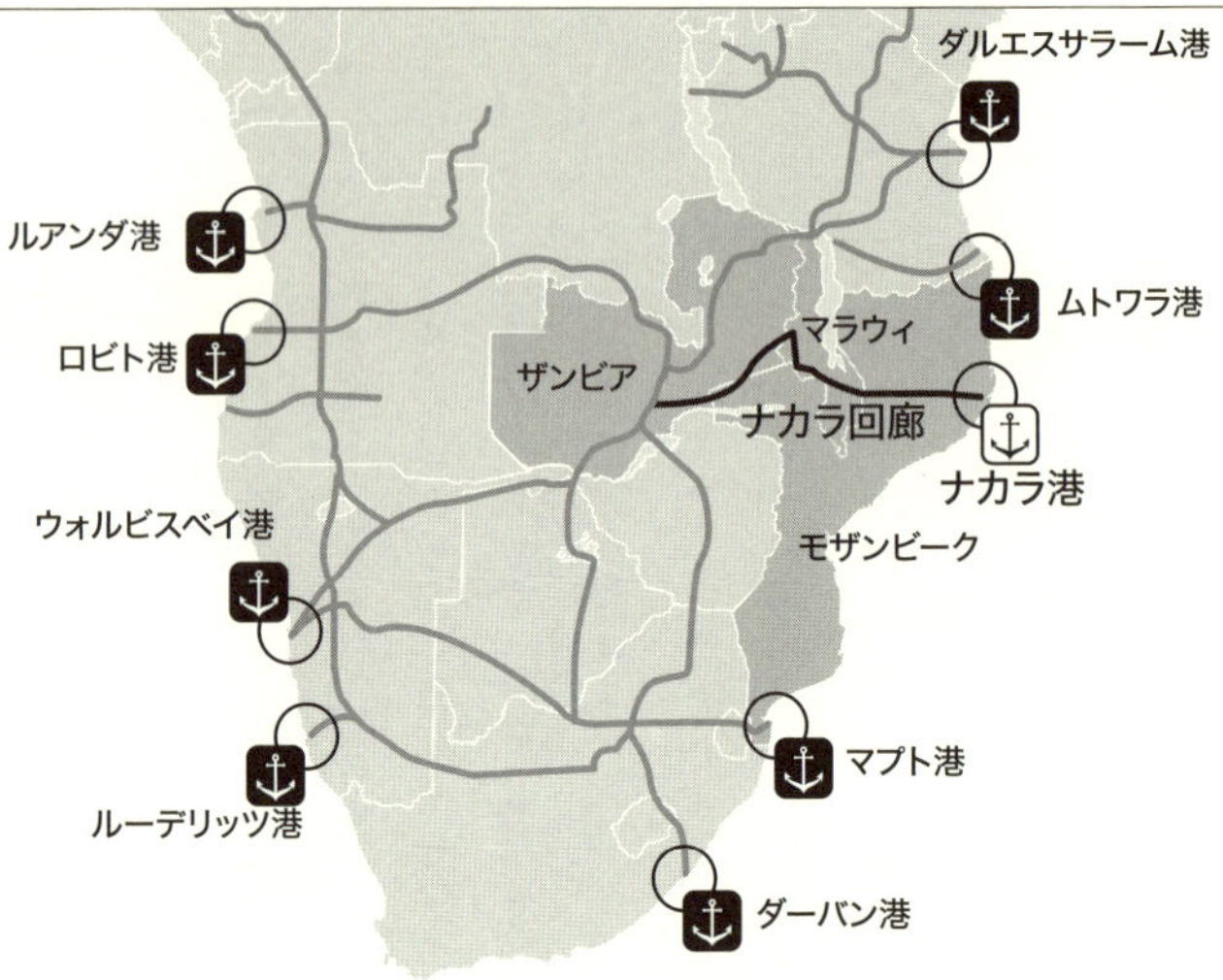

ナカラ回廊プロジェクトです。

南部の首都マプトの急速な発展に比べ、モザンビーク北部は開発が遅れていました。北部の港ナカラは水深14mもある天然の良港であり、巨大船舶を停泊させるのにうってつけです。中世から近世にかけては、インド洋貿易の拠点ともなったナカラ。このナカラを中心に今、日本の国際協力でさまざまな改革が進んでいます。

まずはナカラ港を運営している北部港湾会社ディレクターのアゴスティニョ・ランガさんにお話をうかがいます。

ナカラ港が北部モザンビークの経済を変える

池上　ナカラ港ではどんな開発を行っているんですか？

ランガ　ナカラ港の開発を担っているのは、北部開

ナカラ港を運営する北部港湾会社のアゴスティニョ・ランガさん

発公社（ＣＤＮ）という半官半民組織です。国際貿易港に発展させ、２００㎞離れた地域の中核都市ナンプラとつながっている鉄道と道路を増強し、さらにはその物流網を隣国のマラウイまで伸ばし、地域経済を一気に活性化しようというわけです。２００５年１月からプロジェクト開始、２０２０年までの15年間で第1回目が終了、続けて次の15年のプロジェクトが再び開始、という契約になっています。

池上　ナカラ港は、モザンビークにとってどんな位置づけですか？

ランガ　南部の首都マプト、中部のベイラに次ぐ国内3番目の規模の港です。ナカラの潜在力はダントツです。隣国で内陸国のマラウイやザンビアの貨物も一手に扱える地理的条件に加え、ナンプラの近辺では特徴的な農業開発プロジェクトも始動しているため、非常に多くの貨物を扱うことができるようになります。

池上　そうなると、港の荷裁き能力をかなり増強する必要がありそうですね。

ランガ　現在はコンテナ数で年間7万５０００個、トン数で同１２０万トンをさばいています。ただし今の最大許容量は約10万個で、ＪＩＣＡと政府の協力を受けて、コンテナターミナルの増強やクレーンの増強を行い、２０２０年には、年間25万個６００万トンと、現在の3倍以上の荷裁き能力を有する港に変身させるつもりです。ＪＩＣＡには、技術協力、無償援助、円借款の3つの協力をあおいでいます。

池上　日本からはどんな技術協力を？

ランガ　港湾管理に必要なマネジメント技術を２０１２年から3年間、ＪＩＣＡの専門家が現地の人たちに教えています。

池上　主な取引先国について教えてください。

ランガ　まず、輸出ですが、1位が中国、2位がインド、3位がヨーロッパですね。中国向けは木材が中心です。あとは金属スクラップ、バナナです。インド向けは、長粒米をはじめとする穀類。それからグリーンピースやゴマ、ナッツといった農作物ですね。ヨーロッパ向けは砂糖、綿花、グラウンドナッツが中心です。輸入も中国がダントツですね。あとはアジア各国からの貨物が多いです。

池上　中国の存在感はこちらでも抜群ですね。

ランガ　今の荷裁き能力は７万５０００個／年なのに、実際は10万個／年のコンテナが押し寄せてきているので、港外のターミナルや空き倉庫に一時格納して対応しています。コンテナヤードを拡充し、余裕を持って荷裁きができるようにしなければなりません。

　そのためには、このコンテナターミナルをストックの場所としてコンテナを溜め込むのではなく、フローのサービス水準を上げて、コンテナが次から次へと運び出されたり即座に船に積まれたりするよう、荷裁きの仕組みを改善させる必要があります。

池上　ナカラ港のライバルはどこになりますか？　同じ国内のベイラ？　首都マプト？あるいは隣国のタンザニアのダルエスサラム港？

ランガ　ナカラは民営化された港なので、強い競争心を持って経営を行っています。すでに開発が進んでいるケニアのモンバサや首都マプトの港は、現時点で荷裁き量が限界に達しています。ということは私たちナカラに新しいチャンスがある、というわけです。

池上　港に降り立ってみるとコンテナターミナルの拡充などを行っていますね。

ランガ　ナカラ港は90年代に一度、巨大なサイクロンが上陸し、壊滅的な被害にあいました。いまは港湾部の浅くなったところを浚渫して深くし、その土砂を埋立に活用しながらターミナルの面積を広げようとしています。３ヘクタール拡充するつもりです。鉱物や穀類用の専用のターミナルも設ける予定です。

池上　モザンビークの農業が成長して、近い将来、ここから日本へ農作物が輸出される時代が来るといいですね。

モザンビーク・ナカラ回廊開発の課題は？
ＪＩＣＡモザンビーク事務所　宮崎明博次長に訊く

次に、モザンビークの回廊の開発と日本の国際協力について実情と課題点を、ＪＩＣＡのモザンビーク事務所でプロジェクト全体の進行を管理している宮崎明博さんにお聞きします。

池上　モザンビークの経済成長にとって、最大の課題はなんでしょうか？

宮崎　道路です。未舗装道路が多すぎる。これがすべての成長の阻害要因になっている。一刻も早く道路を整備しなければ、生活も社会も経済も発展できません。

池上　モザンビークでは舗装されていない道路が大半ですね。今回の取材でも、自動車で１５０㎞を移動するのに7時間以上もかかりました。未舗装路が多い上に、途中でぬかるみにはまってスタックしてしまったからです。取材先は、第3章で紹介する農業開発プログラムを実施している農地でしたが、道路が未舗装だと、せっかくつくった農作物を市場に出したり輸出したり、というのも一苦労でしょう。

宮崎　その通りです。いまＪＩＣＡでは、モザンビーク北部のナカラ回廊開発で、農業開発と物流インフラ開発を連動して実行しています。農業単体で開発しても、物流インフラを充実させなければ、地域の経済発展に寄与できないからです。

池上　「回廊」という概念で隣国も含めて地域一帯を開発しようというわけですね。この発想は、ＪＩＣＡがアフリカ諸国に持ち込んだものなのですか？

宮崎　はい。ナカラ港を整備し、沿岸国のモザンビークの物流と内陸国であるジンバブエとマラウイ、ザンビアをつなげ、通関業務を簡素化し、経済と農業と物流のネットワークをつくる。横浜で開かれた前回のアフリカ開発会議（ＴＩＣＡＤ Ⅳ、２００８年）で沿岸国と内陸国とを結びつける「回廊」の概念を日本側が打ち出し、その概念に沿って、アフリカ大陸で本格的にスタートしたのが「ナカラ回廊」プロジェクトです。

池上　アフリカの未来を占う上でも非常に重要なプロジェクトですね。まずは道路の整備が大切ということになりそうです。今、モザンビークの道路の舗装率は？

宮崎　1級道路と呼ばれる国道は80％程度が舗装されています。それが2級と呼ばれる国道になると14％に落ち、地方道路ともなると舗装率は10％を切ります。特にナンプラのあるモザンビーク北部は舗装が遅れています。ナンプラから西へ５００㎞進むとマラウイとの国境にぶつかりますが、なんとそこまで全路未舗装なんです。このため国境からナンプラまでの移動に丸一日はかかります。

池上　取材中にいくつかの小さな村を通り抜けましたが、２級の国道や地方の公道が、日本でいうと未舗装の山道のようでした。自動車どころか自転車で移動するのもむずかしそうですね。

宮崎　モザンビークでは学校や病院の数が少なくて、村によっては集落から10数㎞離れています。道が悪いために学校に行くのもひと苦労です。道路が整備されないと、教育や医療も機能しにくいし、日常の消費生活も発展しないんですね。

池上　道路の舗装については、どんな策が？

宮崎　ＪＩＣＡでは、ナンプラと西部のクアンバまでの国道３５０㎞の舗装に着手し、その後マラウイとの国境の町であり穀倉地帯の中心地として期待されるリシンガまでの舗装化に向けて努力しています。ただ、なにせ広大な土地が相手なので、整備には少々時間がかかります。

池上　日本のライバルともいえる中国の進出ぶりは？

宮崎　道路舗装に関しては、ライバルどころか今後中国の力を借りるケースが多くなると思います。コスト面で中国は非常に競争力を持っています。また、ここ数年道路舗装の技術力を急速につけています。日本の技術は世界トップクラスですがコストが高いのがネックです。プロジェクト全体を牽引しながら技術移転するのが日本の役目、道路整備そのものは中国の役目という具合に国際混成部隊でモザンビークの道路事情を改善するケースが今後出てくるかもしれません。

池上　ナカラに関しては、隣国のマラウイなど内陸国との通関業務の簡素化も回廊構想の実現にとっては重要と聞きました。どう対応されているのですか？

宮崎　マラウイとの国境にあるモザンビークのマンティンバに「ワン・ストップ・ボーダー」拠点を設ける計画です。日本が通関業務を設計し、アフリカ開発銀行が資金提供し、モザンビークとマラウイの通関業務を集約して物流を滞らせないようにする予定です。ワン・ストップ・ボーダーの仕組みはすでにアフリカの他地域で実践例があるので、成功事例の経験を生かす強みもＪＩＣＡにはあります。

池上　ナカラ回廊プログラムは、いつまでに完成を予定していますか。

宮崎　２０１８年がひとつの目標です。今、計画しているインフラ事業が終わり、ブラジルと連携した農業プロジェクト「プロサバンナ事業」（第3章参照）も、２０１８年にはある程度の活動成果が見えると思います。農業と物流、それぞれの改革のゴールをこの年に定めています。

池上　２０１８年のナカラ回廊はどうなっていますか？

宮崎　主要道路が舗装され、ナカラ港のコンテナターミナルは余裕のある規模になり、荷揚げされたコンテナがスムーズに中核都市のナンプラ、そして隣国のマラウイなどへと鉄道やトレーラーで運ばれるようになります。また回廊エリアの農業の多様化と規模の拡大が進み、収穫された作物が回廊の物流ネットワークを介して流通し、市場を形成し、国内消費をまかなえるようになり、一部は海外へ輸出されるように……というのが理想ですね。決して無理な目標ではない、と思います。

池上　構想の実現にあたって懸念はありますか？

宮崎　次の大統領選がうまくいき、引き続き政権が安定するかどうか、ですね。それから天災でいうと、常に雨期の洪水やサイクロンが心配です。周辺では新しい資源開発の芽が出ようとしています。モザンビークの北部ロブマでは世界最大の海底天然ガス田がみつかり、三井物産がその開発に着手しています。天然ガスが事業化すると、国内の発電用エネルギーをまかなえるうえ、プラントをつくってＬＮＧを生産できるようになれば、巨大な輸出産業になり得ます。また、テテで開発されている石炭も魅力的ですね。こちらも発電用エネルギーとして利用されると電力の安定供給につながりますし、ナカラから輸出できるようにすれば、これまた外貨獲得手段となります。

池上　リシンガとナカラを結んだ回廊は、モザンビークの経済発展のカギを握りそうだ、ということがよくわかりました。

道路と港の物流インフラを充実し、農業やエネルギー開発など地域の産業を活性化し、隣国との通関業務を簡素化する事業を一体開発する「回廊」プログラムは、ナカラを筆頭にサブサハラのアフリカでいくつも立ち上がっています。

「回廊」というソリューションが、アフリカの弱みであった広大で内陸国が多い、という地理的条件を一気にプラスに転換する。日本の知恵と技術が求められていることを実感しました。

04
ケニアのモンバサ港が東アフリカの「シンガポール」になるとき

ケニアの首都ナイロビから東南に下って４６０㎞。インド洋に面した港町モンバサ。人口約１００万人。ナイロビに次ぐケニア第２の都市です。そのモンバサは今、アフリカ東海岸の「シンガポール」となることを目指し、いくつものインフラ開発事業に着手しています。

開発事業は主に３つ。

１つめが、コンテナバースの拡張工事。

２つめが、周辺の道路延伸と拡張工事。

３つめが、経済特区の選定と建設。

なぜ、コンテナバースを拡張しているのか。なぜ道路を広げようとしているのか。なぜ経済特区を設けようとしているのか。それはモンバサが、ケニア自身にとってだけなく、近隣の内陸国であるウガンダ、ルワンダ、ブルンジなどにとって唯一最大の輸出入の拠点になり得るからです。

ケニアには、モンバサを輸出入の拠点にして、首都ナイロビを抜け、地熱発電で発展するオルカリア（こちらに関しては、第4章の電力開発の章で、改めて詳しくレポートします）を通り、国境を越えてウガンダに至る「北部回廊」をつくろう、という広大な構想があります。

アフリカにとって、物流インフラの整備は経済発展の必要条件。港湾整備と回廊づくり、国境を越える際の通関業務の簡素化がすすめば、経済の血の巡りは一気によくなり、経済発展に拍車がかかります。

モンバサは、歴史的にも地理的にも東アフリカの経済発展の拠点となり得る条件を有しています。入り組んだ湾の奥に位置するために、どんなサイクロンが来ても荒れることのない静かな港。インド洋に面し、中東、ヨーロッパ、インド、東南アジア、さらには遠く中国や日本とも貿易をするのにうってつけのロケーション。

地理的に恵まれたこの天然の良港モンバサをめぐって、中世の昔からさまざまな国の人々が争奪戦を繰り広げました。

中東のイスラム商人が船で訪れ、インド洋の貿易の要として栄えてきました。大航海時代になるとポルトガルなどヨーロッパの船がこの港を活用するようになり、オマーンとポルトガルがこの港を奪い合うようになりました。

19世紀末、ケニアがイギリス植民地領になると、イギリスは、モンバサからナイロビ、隣国のウガンダ首都カンパラを結んだケニア鉄道を敷設し、まさに今構想中の「北部回廊」の礎を築きました。

21世紀。モンバサは再び歴史の表舞台に立つチャンスを得ました。港のすぐ脇のビーチには美しい珊瑚礁のある海が広がり、リゾート地としての可能性も秘めています。すでに国際空港もあり、海外からのアクセスにも適しています。

モンバサの潜在力を見越して、ケニアではこの都市を経済特区に選定し、さまざまな産業の誘致を行おうと計画しています。

ただし、モンバサには解決しなければならない問題がたくさんあります。すでに大きな港がありますが、出入りする貨物の総量は港の物流処理能力をはるかに超えています。港にはコンテナが山積み。付近の道路にまでコンテナがあふれかえっています。

首都ナイロビに向かう道路も、舗装はされているものの片道１車線。モンバサ市内は常に大渋滞で、市内を抜けるのにも一苦労。通関業務も近代化されていないために時間がかかります。せっかく港についたコンテナが船から荷揚げされるまでに１ヵ月以上を要することがあり、モンバサ港から目的地に着くのに１ヵ月半かかるのも珍しくないそうです。

物流インフラの脆弱さが経済成長のボトルネックとなる。解消するには、荷揚げしたコンテナをさばくコンテナヤードを大幅に拡張し、港の周囲の道路網を拡張し、延伸して、物流の渋滞を解消するしかありません。

そこで日本の出番です。モンバサの物流インフラの拡充と国際通関業務の簡素化に日本の知恵が今活かされようとしています。現地で日本の国際協力がどう機能しているのか。ＪＩＣＡケニア事務所の野田光地さんに案内いただきます。

日本の支援でモンバサを開発し、ケニアと東アフリカの経済発展を

池上　モンバサは、ケニアにおいてどんな位置づけにある都市ですか？

野田　モンバサは、ケニア第2の都市であると同時にアフリカ東海岸最大の国際貿易港です。近隣の内陸国ウガンダ、ルワンダ、ブルンジへつながる北部回廊の玄関口で重要な貿易拠点です。東アフリカ地域全体の経済発展を支える存在ですね。ただ、近年のケニアや東アフリカ地域の経済成長に伴い、深刻な問題が起きています。

池上　その問題とは？

野田　港湾の能力を上回る貨物が押し寄せるようになったのです。このため港湾で荷揚げされたコンテナを運ぶトレーラーが市中を埋め尽くし、渋滞が慢性化しました。

池上　コンテナ・トレーラー車の路上駐車も目立ちました。

野田　モンバサに陸揚げされるコンテナの数量は、港の荷さばき能力を大幅にオーバーしています。このため、モンバサ港に貨物船が着いても、常に港が満杯状態で、1週間近く港の沖合に停泊し、荷揚げスペースが空くのを待たなければなりません（写真：次ページ）。通関業務も電子化が進んでいないので、全行程が終わるのに1ヵ月くらいかかる場合があります。いざ運送するときも道路事情が悪いためにあちこちで渋滞が待っています。モンバサ港にコンテナが船で運ばれてからケニアの内陸あるいは隣国の目的地に到着するまでに1ヵ月半かかることも珍しくありません。海外の港からモンバサに到着す

インド洋に面したケニア・モンバサ港は、ケニアのみならず内陸国向けの物資が集まる。
このため、港には貨物があふれ、これからトレーラーで内地に運ばれるコンテナが港の道路脇に山積み状態。

CMA CGM
MOL

る時間よりもモンバサから目的地まで移送する時間のほうが長くなってしまうこともあります。

池上　このままでは国際港としてどころかケニア国内の物流需要も満たせなくなるかもしれません。

野田　モンバサの物流処理能力が改善しないと、域内の物流コストが上がり、物価を押し上げることになります。ケニアと近隣の内陸国の経済を安定させるためにも、コンテナ取扱能力の増強は必須です。2011年時点でモンバサのコンテナ取扱量は年間77万TEU（＝20フィートのコンテナに換算して77万個）でしたが、今のケニアや周辺国の経済成長を勘案すると、2015年には115万TEUまで増加すると見込まれています。ただし、現在のモンバサ港の取扱能力はというと45万TEUに過ぎません。

池上　だからコンテナが港の内外に溢れているわけですね。どう対応するのですか？

野田　日本の円借款事業として、モンバサ港のコンテナターミナルを大幅に拡充する工事が始まっています。現在のモンバサ港のコンテナヤードの西側に新たなコンテナターミナルをつくり、引き込み道路と鉄道とを延伸して、モンバサ港の物流処理能力を一気に高めます。工事は2012年3月にスタートし、2016年2月に完了予定です。新ターミナルの完成の暁には、約2・7倍の120万TEUの取扱能力を持つ港となります。ケニア政府も2030年までに中進国となることを目標とした中長期戦略「ビジョン2030」において、運輸セクターを重視、この事業を国家プロジェクトと位置づけています。この流れを受けて、日本は、港のコンテナ取扱能力の増強だけでなく、周辺道

ケニア・モンバサ港では、対岸と本土を結ぶ橋がないために多くの人たちがフェリーで往復する。

路の開発事業も円借款を利用して進めようとしています。

池上　モンバサではカーフェリーでたくさんの人々が移動していますね。なぜですか？

野田　橋が足りないのです。モンバサは中心街がインド洋に面した島内に位置していますが、人口増加に伴い、島外、南の本土対岸にも住居が広がっています。モンバサの湾内はリアス式海岸のように内陸部に海が入り組んでいます。このため、湾を挟んだ眼と鼻の先の向こう岸まで、道路を使って移動するととても時間がかかります。そこで両岸を1時間に1本のカーフェリーが結んでいるのですが（上の写真）、いま円借款により新たにモンバサ周辺に大型の橋を敷設し、域内の道路事情を改善する計画が進んでいます。

池上　コンテナターミナルと道路が拡充され物流インフラが整えば、もともと国際的な貿易港として絶好のロケーションにあるモンバサが大きく飛躍するチャンスが訪れますね。

野田　モンバサ周辺の道路や橋梁が開通すると、首都ナイロビからウガンダに抜ける北部回廊が、ケニアの南に隣接するタンザニアとも繋がることになります。モンバサをハブ港にして、ケニア国内はもちろん、西はウガンダ、ルワンダ、ブルンジ、南はタンザニアまでを結ぶ経済ネットワークができる、というわけです。

池上　気宇壮大な構想ですね。

野田　その発展を見越して、モンバサ港の南対岸、ドンゴ・クンドゥ地区を自由貿易港に指定、ケニア政府より新たに経済特区を開発する構想が打ち出されています。２０３０年までに途上国から中開発国へ発展しようというケニア政府の中期目標「ビジョン２０３０」においても、経済特区構想はまさに基幹プロジェクトという位置づけです。

池上　構想の全体像を教えてください。

野田　自由貿易港、工業団地、科学技術・ＩＣＴ産業集積地区を合わせたもので、経済特区内にはさらに石油ターミナル、石炭、ＬＮＧなどのエネルギー関連施設の建設も予定されています。ケニア政府は日本をパートナーとして開発したいと表明しています。

池上　ケニア政府も日本を頼りとしているんですね。

野田　はい。そこでＪＩＣＡでは、電力、上下水・排水、通信、港湾、交通等のインフラ整備、経済特区内で活躍する産業人材育成、投資環境、税制優遇措置、通関業務支援などの法制度整備の面での協力支援を検討しています。

池上　モンバサにおける日本の国際協力はいつから始まったのですか？

野田　実は40年もの歴史があるのです。1970年代から円借款などを通じて、JICAではモンバサのインフラ整備事業に対して集中的に支援を実施してきました。現在進められているモンバサ港のコンテナターミナルの拡充、道路、橋梁などはもちろん、モンバサの国際空港も日本の支援で完成したものですし、ディーゼル発電プラントもそうです。そんなモンバサに今度は経済特区ができるわけです。海外からの直接投資を呼び込めるようになり、ケニアはもちろん近隣諸国全体の経済と社会のさらなる発展が見込めます。

池上　モンバサ経済特区ではどんな産業の誘致が考えられますか？　第5章で紹介しますが、モンバサには日本のトヨタ、三菱ふそうの自動車を同時に組み立てる工場がありました。自動車関連はどうでしょう？

野田　ケニアおよび東アフリカ地域の経済が発展していくと、日本車の需要はさらに大きくなると考えられます。部品を荷揚げしたモンバサで組み立てることできればコストを抑えつつ、地域の自動車需要に応えることができます。自動車関連産業の誘致は大いに期待できますね。食品加工、アパレル関係の工場誘致も想定されます。こちらはケニア国内向けと海外輸出向け、双方の需要を見込めます。

右の人間のサイズと比較すると工事の規模がわかります

日本の技術がモンバサ港をバージョンアップする

では、実際にコンテナターミナルの拡張工事の現場に向かってみましょう。モンバサ港の工事を請け負っているのは日本の東洋建設です。港湾技術を活かして急ピッチで施工を行っています。２０１１年から業務にかかわっている同社の金子正登さんにご案内いただきました。

池上　船に乗ってモンバサ港の沖から工事現場に向かっています。作業船からものすごい勢いで真っ白な砂が吹き出されて、どんどん積もっていますね。何の作業をやっているのですか？（上の写真）

金子　湾内からインド洋に出た沖合の海底から採取して、コンテナターミナル予定地を埋め立てています。現場付近の海底地盤は柔らかい粘土層が堆積しているため、ある高さまで埋め立てが進んだ段階で、日本が得意とするＰＶＤという地盤改良工法を

日本の東洋建設の協力で、ケニア・モンバサ港に新しいコンテナターミナルを拡張工事中。

使って水分の排出を早め、地盤の圧密を促進していく計画です。これでしっかりした埋立地ができます。２０１６年までに35ヘクタールのコンテナターミナルを完成する予定です。

池上　新設ターミナルの処理能力は？

金子　本工事で建設しているコンテナバースＮＯ．20、ＮＯ．21の処理能力は、年間で45万ＴＥＵほどになります。これで、モンバサ港の荷裁き能力は格段に向上します。

池上　隣では中国もコンテナバースを建設していますね。

金子　もうすぐ完成するコンテナバースＮＯ．19は中国企業が施工しています。隣接する区域で施工している私たちの工場は施工と技術の両面で中国企業と比較されることになります。品質のよい設備を工期内にできるだけ早く完成させ、ケニアとアフリカ経済の発展に貢献できれば、と思っています。

池上　港湾周辺の道路開発なども予定されているとか。

金子　はい。今後、モンバサ港周辺の道路開発、それから経済特区開発、さらにさまざまなインフラ事業が計画されていると聞いています。私たちが得意とする港湾建設技術を核に、それぞれの事業に貢献したいと思っています。

池上　ケニアの工事現場ではどんな点に留意していますか？

金子　ケニアでは、ここまで大規模な港湾事業の施工は数十年ぶりだそうです。このためケニア国内には港湾工事の施工経験のあるエンジニアがほとんどいません。となると、日本から技術移転をする必要があります。今回の工事を通じてケニアの人たちに日本の技術を習得してもらい、ケニアに港湾工事技術の移転を図ることも目標の一つと考えています。

池上　ほかにどんな苦労が？

金子　ケニア国内では工事のための機材や材料を調達することが困難です。私たちはコンテナターミナルの建設工事を請け負っていますが、工事に際し、まさに現在のモンバサ港が抱えている港湾物流の問題に直面しています。この工事で使用する資材、作業船、重機などは、ケニア国内では調達が難しいため、日本からはもちろんシンガポールなど第三国からの輸入に頼っています。ＪＩＣＡの野田さんの話にもありましたように、資材や重機を載せた船がモンバサ港に到着しても、コンテナバースやヤードが慢性的に満杯なため、すぐに荷揚げができず、貨物を引き取るために相当の日数がかかり、工程の進行とコスト管理に影響が出ています。身を以て、本事業の意義と重要性を再認識しています。

ケニア・モンバサ港沿いには、洒落たリゾートレストランが並び、高級車が横付けされる

モンバサ港の管制塔から見た町並み。多くのコンテナが溢れ返っています。

有史以来近世に至るまで、インド洋は世界経済の中心地でした。中東、インド、東南アジア、中国、ヨーロッパ、そしてアフリカ東海岸。インド洋をぐるっと囲んで、人々が、物資が、文化が、行ったり来たりしました。

中でもアフリカ東海岸には天然の良港がいくつもあり、さまざまな国の商人でにぎわいました。今回取材した、ケニアのモンバサもモザンビークのナカラとモザンビーク島も、まさにそんな歴史ある港です。

近代になって鉄道が登場し、現代になって自動車が登場するまで、世界の物流を担っていたのは、圧倒的に「船」でした。ゆえに物流において最も重要な装置は「港」でした。アフリカ東海岸の港町は、かつて今よりはるかに栄えた国際都市だったのです。

ヨーロッパによる植民地化、独立後の混乱や内戦といった不幸を乗り越え、いま、アフリカは再び歴史の表舞台に立とうとしています。同時に、中国、東南アジア、インド、中東、そしてアフリカ東海岸に囲まれた環インド洋経済圏が、世界で最も成長の余地のある地域として立ち上がってきます。

国際港が、幹線道路の開発とセットになって、自国はもちろん隣の内陸国までをも巻き込んだ巨大な物流回廊として完成するとき――。それはアフリカの新時代を象徴する経済圏がいくつも誕生するときでもあります。そんなアフリカの物流革命に、日本の知恵が、技術が、資金が、企業が、重要な役割を果たしている。アフリカと日本の関係は、これからますます深くなっていく。現地を歩き回って、そんな実感を持ちました。

イケガミの  まとめ!

港と道路を整備して「回廊」をつくれば、
アフリカは、世界経済の要所となる！

日本の国際協力で
ケニアやモザンビークなど
アフリカ東海岸の港を整備し、
内陸国と道路で結んだ
「回廊」が次々と整備中。

中世以来の「インド洋の時代」がやってくる。

ケニアの米どころムエア。実った稲穂は日本の農業技術のたまものです

CHAPTER 3

日本が解く! アフリカの課題
その2 主食の自給自足

イケガミの  マエセツ!

「主食」を自給自足できないと、
アフリカは自立できない。
世界の胃袋も、これからはアフリカが頼りになる?

「主食」に関するアフリカの現実

① 主食になるコメや小麦、大豆やトウモロコシなど、
穀物の大規模生産が発達していない。

② 理由はアフリカ大陸が南北に長く、乾燥地帯が多いから。
大陸が南北に長いと気候が多様で同じ品種を大量生産しにくい。
乾燥地帯が多く、灌漑施設が充実していないため、農業用水を確保しにくい。

「主食」に関するアフリカと世界の課題

① 主食の価格が割高なため、アフリカでは人件費が高い！
裏を返せば、経済競争力が低い。

② 10億人のアフリカの人口はますます増える。すると世界的な食料不足が？

「主食」を自給自足するための解決策

① ケニアやウガンダでは、日本の技術で大規模なコメ作りを。

② モザンビークでは、かつてブラジルのセラードで成功した農地改革を
日本とブラジルが共同で行い、トウモロコシと大豆の一大生産地をつくる。

主食の大規模生産がアフリカの未来を決める

アフリカが経済成長する上で絶対に欠かせない条件、それは主食となる穀物が自給できる農業革命の実現、です。

理由は3つ！

① 食糧＝主食の自給体制は、文明国家の必要条件

ヨーロッパ文明も中国文明も穀物の大量生産が可能な巨大農業の発達が土台となって成立しました。その恩恵を受けたアメリカや日本も同様です。主食となる穀物＝米、小麦、トウモロコシ、大豆が自給できるかどうかは文明の基礎条件なのです。

② 主食の自給が安定しないと、物価が高いままで国際競争力を持てない

アフリカの多くの国では、主食となる穀物の多くを輸入に頼っています。このためアフリカの人々は高い食費に喘いでいます。結果、人々の賃金は安いのに、物価が相対的に高く、工場を誘致しようとしても主食の自給率が高いアジアや南米などに比べてコスト競争力がありません。主食の自給率向上はアフリカの経済競争力に直結するのです。

③ 人口爆発するアフリカで食料生産が向上しなければ、世界的な飢饉に？

21世紀、人口が爆発的に増えるのは若年層が多く大きな経済成長が見込まれるアフリカ大陸です。アフリカの食料生産力が今のままでは世界の胃袋を満たすことができなくなります。アフリカの農業革命は世界の願いでもあるのです。

赤道を中心として南北に長く、暑く乾燥した地域の多いアフリカ大陸では、アジアやヨーロッパに比べて、地理的にも穀物の大量生産が難しく、主食の自給が困難でした。アメリカは得意の遺伝子工学などを活用しアフリカに適した「種子」と「品種」を移入しようとしています。中国はコスト競争力を活かし、アフリカの荒地を次々と耕作地に転換しようとし、また自国で成果を挙げた改良品種の導入を試みています。

日本が得意なのは、世界でもダントツの力を持つきめ細かな農業技術の伝搬です。持続可能な農業が実現できるように、日本の農業の知恵がいま、アフリカの大地に根付こうとしています。

01

アフリカの穀物自給率の向上に、日本ができること

文明化と主食となる穀類の大量生産はセットである

５０００年前ごろから、世界各地で巨大文明が誕生し始めました。

チグリス・ユーフラテス川沿いのメソポタミア文明やナイル川河口域のオリエント文

世界の古代文明

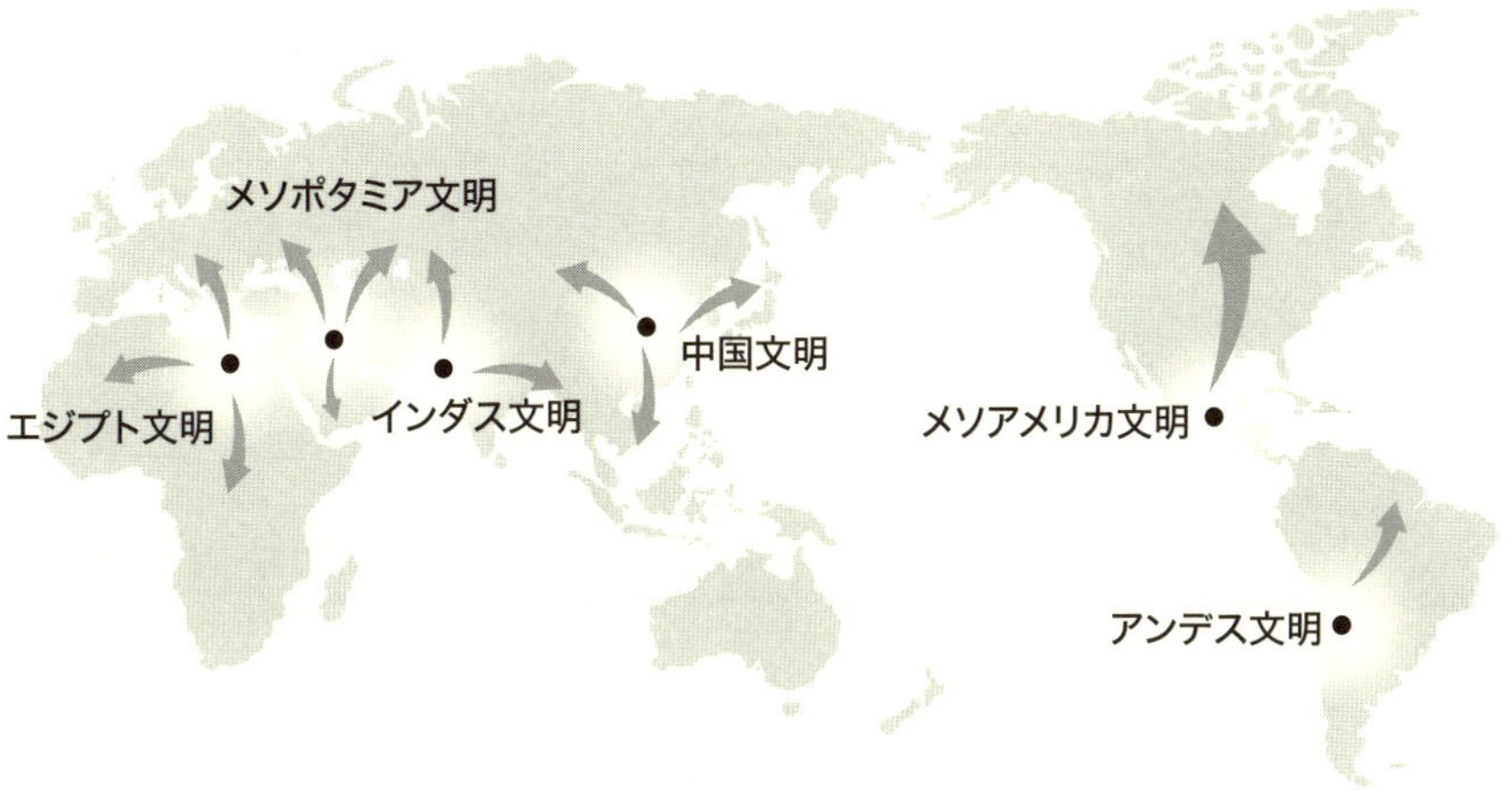

明、インドのガンジス文明やインダス文明、黄河、そして揚子江沿いの中国文明。いずれも巨大河川の下流部です。

　巨大文明の誕生を支えたのは、貯蔵可能な小麦や米といった主食穀物を大量生産する巨大農業でした。いや、農業の巨大化がむしろ巨大文明の発達を促した、ともいえます。食物の安定供給が可能となってはじめて、人口が増大し、市場が形成され、技術が発展し、その結果として国家が成立し、文化文明が生まれたわけですから。

　つまり、巨大農業は現代文明の生みの親なのです。現代の機械文明もこの巨大農耕文明の延長線上にあります。

　ところが、サハラ砂漠以南、いわゆるサブサハラのアフリカの多くの地域では、巨大農業が発達しませんでした。赤道を中心として南北に長いアフリカ大陸は、気温が高く、乾燥地が多い。温帯地域にあって東西に長いアジアやヨーロッパと比べると、巨大農業が発達しにくかったのです。

結果として、サブサハラのアフリカでは、巨大国家が生まれることも、農業を背景とした技術革新が起きることもありませんでした。つまり、近代文明に至る道を通ることができないままだったのです。その後、アフリカ大陸のほとんどは、巨大農耕文明を経て発展したヨーロッパの植民地になりました。近代化に関してアフリカが出遅れたおおもとに農業の未発達がありました。

主食を自給できないと、国も個人も経済競争力がつかない

古代においては、主食を大量生産できないと巨大文明を築けませんでしたが、現代においても、主食を大量生産して自給できないと経済発展が難しくなります。主食を輸入に頼ったままでは、国民は貧しいのに物価は高い、という状況が起きてしまうからです。

主食が自給できないと、穀物の国内需要を海外からの輸入に頼らざるを得ません。経済力のある先進国ならばともかく、途上国のアフリカ諸国にとって穀物の輸入は大きな負担となります。なにせ、代わりに海外に売る商品に乏しいのですから。国内の物価は相対的に上昇します。最終的に、「主食が高い＝物価高」という状況が慢性化します。

第２章でも説明しましたように、今のアフリカには道路などの物流インフラが不足していることで物流コストが高くなり、その結果物価高を招いています。主食が割高だと

さらに物価高が上乗せされます。かくして、国民は貧しいのに労働者1人当たりの人件費は物流費と食費とが上乗せされてとても割高、という奇妙な現象が起きます。これがアフリカの多くの国の労働市場の現実です。

労働コストが割高になると、メーカーは工場をアフリカに移転させるメリットがなくなってしまいます。

東南アジアや南米の急成長を支えた1つに、欧米や日本など先進国からの工場移転がありました。割安な労働力があったからこそ、先進国企業が生産地をアジアや南米に移したのです。アジア諸国や南米などの場合、主食の自給が可能でした。結果、食料の物価が抑えられ、人件費も先進国に比べて割安なために、工場移転が実現しました。

ところが、今のアフリカの多くの国には、アジアや南米と競争して積極的に工場を誘致できるだけのコスト面での魅力がありません。第2章で述べたように物流コストが高いうえに、主食が海外頼みなので食料コストも高い。これらがすべて生産コストに跳ね返ってきてしまう。

この現状を打破するには、物流インフラの充実に加え、農業革命を起こして農業の生産性を一気に向上し、主食の自給率を高めて物価を下げる努力をする必要があります。

ここでアフリカにおける穀物の自給率を眺めてみましょう。

コメの生産地を取材したケニアでは58%。大豆やトウモロコシの生産地を取材したモザンビークでは87%です(出典:FAO STAT, 2009年)。各国の穀物自給率を眺めると、アフリカ諸国の多くの自給率の低さが際立ちます。穀物生産を輸出産業に育てている東

世界の穀物自給率マップ（2009年）

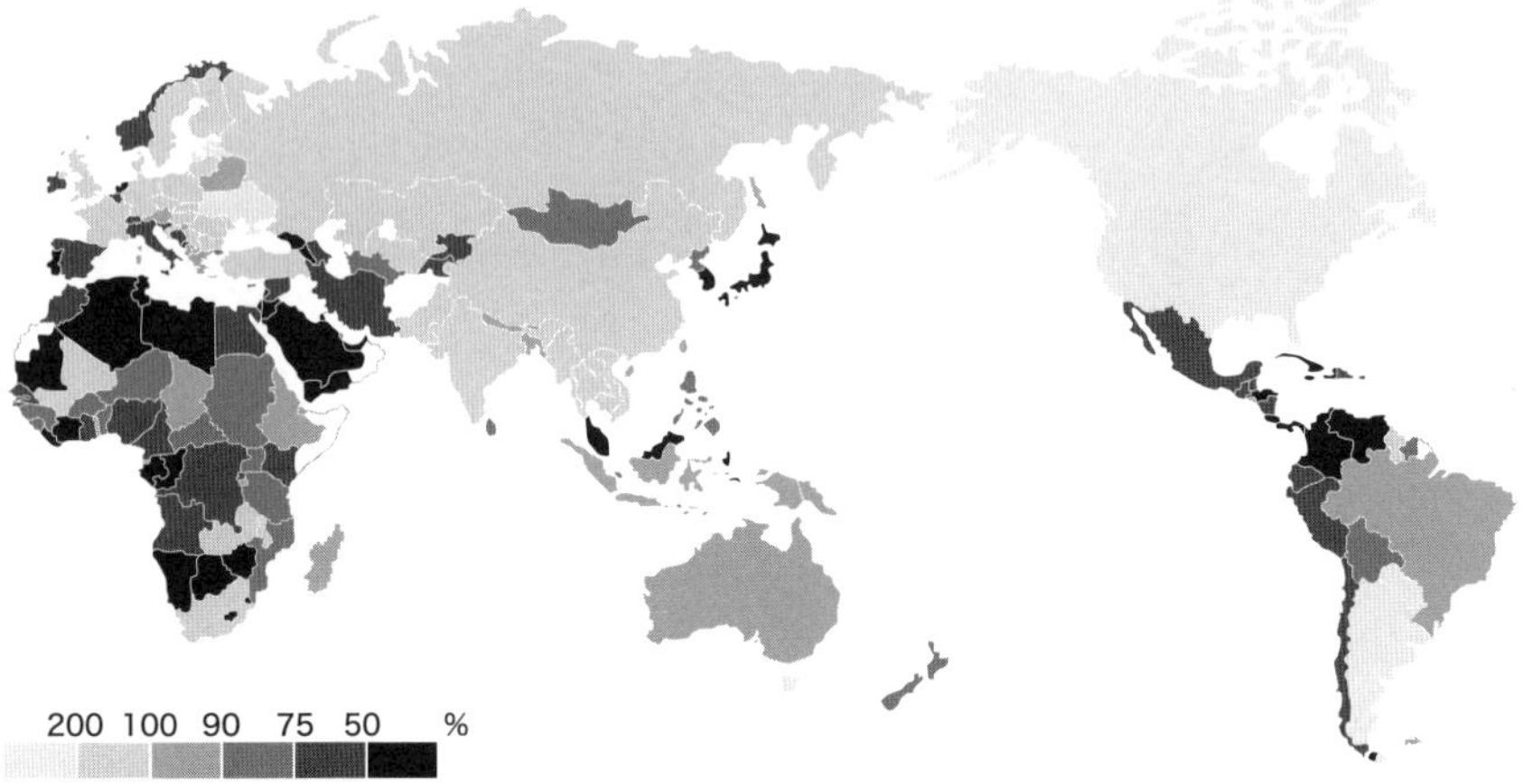

注）穀物自給率データによる作図。白抜きデータなし。
出典：農林水産省HP「食料自給率の部屋」

アフリカの穀物自給率の低さが一目でわかる

南アジア諸国の高い自給率とは対照的です。低い穀物自給率はそのまま物価に跳ね返ります。改善が急務です。

アフリカで主食の大量生産ができないと世界的な食糧不足に？

アフリカの穀物自給率の低さは、放っておくと今後、食料不足という悪影響を世界全体に及ぼす恐れもあります。21世紀の世界人口の増加のかなりの割合を若年者の人口が圧倒的に多いアフリカが占めると言われています。２０１２年10億人（出典：国連，"World Population Prospects"）のアフリカ人口が２０５０年には17億５０００万人（出典：国連，"World Population Prospects"）、22世紀までには36億人（出典：国連，"World Population Prospects"）に達するという予測もあります。

この増大し続けるアフリカの胃袋を誰が満たすのか？　アフリカが大陸内で主食たる穀物を自給自足できる生産体制を築けないと深刻な食料不足につながる可能性もあります。穀物には主食以外に、食肉用の家畜の飼料としての需要、そして近年ではバイオエタノールの生産にトウモロコシなどが使われるなどバイオ燃料の原料としての需要もあります。途上国で肉食需要が増えると必然的に穀物の全体消費も増えます。すると、ますます世界的には穀物の需給が逼迫するという事態が起き得ます。

穀物不足、主食不足を防ぐためにも、アフリカが一刻も早く農業革命を起こし、穀物の大量生産体制を確立する必要があるのです。

アフリカの穀物の自給率を高めるにはどうすればいいのでしょうか？

アフリカには、耕作可能な土地がたくさん余っています。ところが、すでに耕作地となっているところも含め、アフリカの多くの地域では、農業機械が導入されておらず、価格が高いために化学肥料も使用されていません。痩せた土地を耕すこともなく、ただ作物を植えて収穫すると、数年で土地の栄養分はなくなり耕作不能地になってしまいます。

モザンビークでは、手作業で土地を耕し、種をばらまき、数年で土地がダメになり、それを放棄して、別の土地でまた同じことを繰り返すという、焼き畑的な農業が未だに多いと聞きました。こんな前近代的な農業を繰り返す限り、アフリカの農業は前に進みません。穀物の大量生産は難しい。主食の自給率も向上しません。

そこで日本をはじめとする農業先進国の出番です。

アフリカでは今、先進各国がしのぎを削って、それぞれの得意技を活かし、アフリカ

モザンビーク「プロサバンナ」のトウモロコシ畑と農家の人々

農業の発展に協力しています。

アメリカは、遺伝子工学を応用した品種改良の分野で圧倒的な技術を持っています。アフリカの大地に合った品種を導入し、単位面積当たりの収量を増やそうというのです。中国は、自らもつい最近まで途上国として各国からインフラ整備や農業支援を受け、各種作物について品種改良などを進めることで条件が悪かった内陸部を活用して巨大農業を発達させました。そのノウハウとコスト競争力をアフリカに注ごうとしています。

日本はどんな強みを活かせばいいのでしょうか？

２つあります。

１つは、きめ細かな農業技術です。限られた面積の土地で、より効率的により品質の高い作物を育てる技術を蓄積してきた日本。その農業技術はアフリカの農業の質を根本から変える力を持っています。継続的な農業技術の移転が、日本の国際協力です。たとえばケニアやウガンダでは、日本の稲作技術の導入でコメ作りが発展中です。

もう１つは、農業と物流開発などを組み合わせた、地域一体型のプロジェクトマネジメントの遂行力です。第２章で紹介した、モザンビーク北部で実施されているナカラ経済回廊プロジェクト。これはインド洋に面した歴史ある港、ナカラの港湾設備を拡充し、道路や鉄道を整備して、北部の中心都市ナンプラを抜け、隣国のマラウイそしてザンビアまでつなぐ国際的な物流ネットワークをつくり、地域経済をまるごと成長させようという計画です。

ナカラ経済回廊プロジェクトには、物流インフラの整備だけでなく、地域の小規模農

ナカラ回廊

ナカラ回廊はモザンビーク、マラウイ、ザンビアを結ぶ

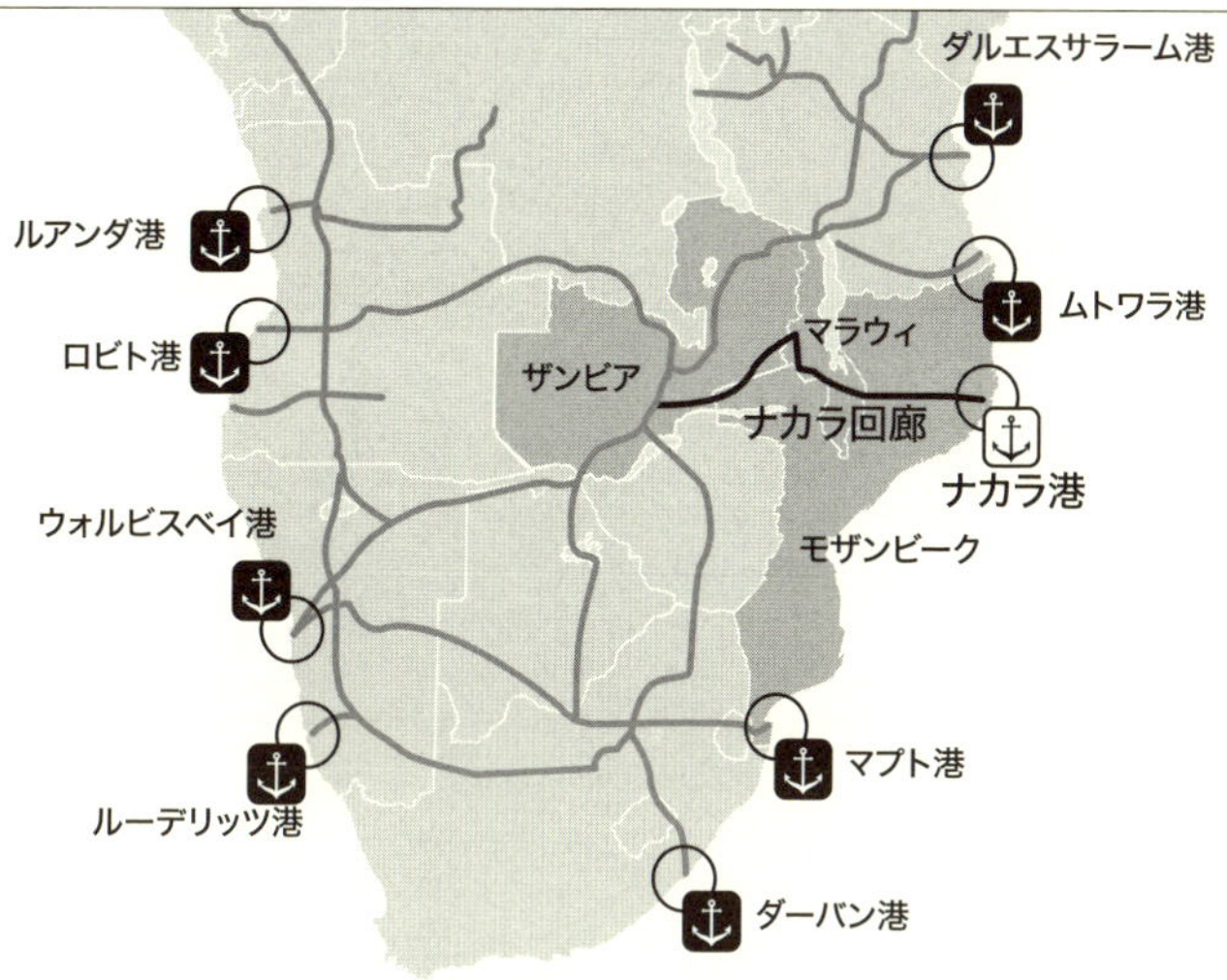

家の生産力を一気に向上させ、大規模な商業的農業の導入も促すプログラムが織り込まれています。後に詳しく紹介する「プロサバンナ事業」です。

かつて日本の国際協力で、荒地を一大農業地帯に変え、今や世界有数の穀物輸出国に成長したブラジルとタッグを組み、モザンビークの大地にトウモロコシや大豆の穀倉地帯をつくろうという壮大な計画です。

ナカラ回廊という物流インフラの整備と相まって、こちらで生産した主食作物は、効率よくモザンビーク国内の胃袋を満たすことができるようになります。近い将来は、モザンビークが穀物輸出国となることも夢ではなくなります。このように複合的なプロジェクトを一体運営するのは、日本のお家芸です。

次に、アフリカの農業ビジネスの今と未来をＪＩＣＡの窪田博之さんに訊きましょう。

02

アフリカの穀物生産が、世界の未来のカギを握る！

窪田　博之　ＪＩＣＡ　農村開発部　審議役に訊く

いま、世界中で穀物が不足しています。２００８年には世界的な穀物の価格高騰が起き、買い占めや暴動が多発しました。このままでは世界は慢性的な穀物不足に襲われるかもしれません。そこで巨大な未開拓地があるアフリカの農業を革新しようという動きがあります。日本の国際協力でアフリカの農業はどう変わる？

池上　モザンビークとケニアで、アフリカの農業革命の現場を取材してきました。モザンビークでは、日本とブラジルが共同で指導を行い、トウモロコシと大豆の大穀倉地帯をつくろうという「プロサバンナ事業」を、ケニアではケニア山麓の高原にある水田地帯で、雨期には水稲（インディカ米）を、乾期には陸稲（ネリカ米）を栽培するための技術指導を日本の専門家が行っている現場を見てきました。いずれも主食となる穀類を国内で生産しようという取り組みです。

窪田　ネリカ米は、天水条件のもとで比較的容易に扱える品種としてアフリカ域内で開発され、その後日本が力を入れて種子の供給体制やその普及を支援してきました。特に稲作の歴史が浅い地域や灌漑施設のない地域で稲作を推進するに適した品種、それがネリカ米です。

2008 年、世界が穀物不足になった４つの理由

[1] アフリカを筆頭に世界人口が増加
[2] バイオエタノールなど穀物がエネルギー分野でも利用
[3] 地球温暖化の影響で干ばつなど異常気象が多発
[4] ところが穀物の生産量が追いついていない

↓

アフリカを、一大穀類生産の場に！
すでにアフリカの穀物生産に熱い視線が世界中から注がれる。

アメリカ　→　種子ビジネスの展開などでアフリカに適した品種を普及、ビジネスの後押し
中国　→　自国の農業革命をそのままアフリカで展開

では、日本に何ができる？
農業技術の伝授で持続可能な農業を実現

[1] アフリカ各国で、ポテンシャルを活かしきれていないコメの生産を定着させ、合理的稲作の推進を入り口として農業の再活性化を図る。
[2] 東南アジアやブラジルなど他国で成功した農業指導を、アフリカでも行う

池上　2009年にはウガンダで、ネリカ米の普及や、その栽培法の開発に尽力している専門家、坪井達史さんの農業試験専門場を取材しました。そのとき取材したネリカ米が、国境を越えてケニアでも植えられる話を聞いて、我がことのようにうれしくなりましたね。

窪田　ネリカ米については、アフリカにおける稲作開発の有力な品種として育てるため、西アフリカ各国の農業試験場での栽培能力を強化するなど安定供給ができるように地道な協力を続けてきています。日本の農業指導のひとつの典型といえるかと思います。

池上　ケニアでもモザンビークでもウガンダでも、アフリカ各国が主食となる穀物の大量生産を進めようという動きが活発です。一方、日本人にとって、アフリカ＝干ばつ、アフリカ＝飢饉、というイメージが強く刷り込まれていて、アフリカで大規模農業、と言われてもピンとこない人が少なくないと思います。アフリカは有史以来、大規模農業が発展しなかった地域が大半です。今さら大規模農業を展開

ウガンダに米作りを伝授したミスターネリカこと坪井達史さん。

するのは現実的に可能なのですか？

窪田　たしかにアフリカの大半の地域では大規模農業が発達していませんでした。ただ、ヨーロッパの植民地となった時代に、すでに転機が一度訪れています。農業技術が移転され、プランテーションができ、カカオやコーヒー、紅茶、パームヤシなど、商業作物の栽培が普及したのです。

池上　カカオもコーヒーも紅茶もパームヤシも、いまやアフリカの主力輸出品ですね。なるほど、商業作物の栽培を契機に、ヨーロッパからアフリカに近代農業のノウハウが移植されたわけですか。ただ、穀物を中心とする食用作物については、大した投資は行われてきませんでした。

窪田　実は、植民地時代に商業作物の栽培で蓄積された農業技術が食用作物の生産に活かされなかった大きな理由があるのです。

池上　その理由とは？

窪田　１９６０年代から70年代にかけて、アフリカ諸国はヨーロッパから独立しました。それはめでた

ケニア ウガンダのスーパーにはさまざまな種類のコーヒーがずらりと並ぶ。

いことなのですが、多くのアフリカ諸国が社会主義体制をとったために、農業が国営化されたんですね。このため、旧宗主国からのアフリカへの農業技術の移転が滞り、アフリカの農業は長い停滞期を迎えることになったのです。

その後、アフリカ諸国は、植民地時代の農業技術や育った人的資源をいわば食いつぶすようなかたちでしのいできました。植民地時代に定着した農業技術の伝搬を止めてしまったのは、アフリカにとっても幸福な結果をもたらしませんでした。

池上 アフリカが近代農業と出合ったのは19世紀の植民地時代で、第二次世界大戦後に次々とヨーロッパから独立したものの農業発展はそこで止まってしまった、ということですね。

窪田 特に人材養成の面での痛手が大きかったようです。アフリカ諸国の大学の農学部の水準は高かったといわれていますが、ヨーロッパからの独立後、資金難により人材の育成が滞りました。国営・公営による農業部門の管理がうまく行かず、80年代に始まった構造調整では、農業も狙い撃ちされ、代案もないまま農民へのサービス部門が打ち切られました。かくして現在に至るまで、アフリカの農業の停滞は数十年間にも及んできたのです。

池上　いま、アフリカの耕地面積はどのくらいですか？

窪田　国際機関の資料によれば、２０１１年で、作物を作付けしている耕地は、約２億５８００万ヘクタール、２５８万㎢程度とされます。アフリカの総面積が３０２２万㎢ですから８％程度が耕地、という計算になります。

池上　日本の国土面積が38万㎢ですから日本の７倍の面積が農地、というわけですね。

窪田　過去30年を振り返ると、アフリカの耕地面積は32％程度増えました。世界平均が同期間で７％程度の増加ですから、アフリカの耕地面積は、この間に他の地域より急速に増えているわけです。当然穀物の収穫量も増えています。

池上　耕地面積が非常に増えている。でもそうすると変ですね。過去30年といえば、ちょうどアフリカ諸国が独立してから現在までの時期と重なります。窪田さんのお話だと、この間、アフリカの農業は停滞していた、という説明でしたが、矛盾しませんか？

窪田　矛盾しないのです。耕地面積はたしかに大幅に増えました。ところが、単位面積当たりの収量が伸びていないのです。つまり、農業そのものは近代化していない。生産効率が改善していないんです。

　アジアとアフリカの農業を比較してみましょう。アジアの農業は、耕地面積を増やすよりもむしろ品種改良や栽培方法の改善で単位面積あたりの収量を増やし、トータルの

焼き畑式に開墾された
モザンビークの農地。
見た目は草原です。

生産量を増やす、という科学的なアプローチをとって成長しました。

一方、アフリカの伝統的農業では、ただひたすら耕地面積を増やすことで物理的に生産量を増やしてきました。

池上　農地の開墾だけを続けてきたのですね。ちなみに、アフリカでは土地は誰のものでしょうか。

窪田　多くのアフリカ諸国では、土地は国または地方自治体が保有しています。企業や個人は、その土地の使用権を持つことができます。地方によっては、その集落のリーダーが「お前はここを使っていい」などと差配する伝統的な制度も根強く残っています。

池上　土地の使用権は個人にあるけれど所有権は国家にある、というのは中国と似ていますね。

窪田　アフリカ諸国も、単位面積当たりの収量を増やそうという努力は払ってきました。ですが、人材育成がうまくいかなかったり、新しい技術が入ってこなかったり、ビジネスとして農業が成り立たなかったりしたせいもあったのでしょう。結果として農民がひたすら作付面積を広げることでしか生産が伸びませんでした。

品種改良や栽培方法の改善といった手法が伴わないと、単位面積あたりの生産性はほとんど向上しません。成長率も不安定になります。たとえば、米の生産を見てみましょう。アフリカの稲作はつい最近まで過去40年間で生産性がたった１・４倍、平均して１年で１％しか向上していないのです。

池上　モザンビークのとある農村で大豆とキャッサバ、ゴマなどを育てている農地を見

モザンビークのキャッサバとトウモロコシの広大な農地。トラクターが1台もないのですべて手作業。

学したのですが、いまだにトラクターが1台もないので、土地の開墾が全部手作業でした。そのため、実質的には荒地にタネをまいているような状況でした。効率とはほど遠い風景です。

窪田　アフリカの農業の機械化は本当に遅れています。

池上　農家の人に話を聞くと、今の畑は2、3年で使えなくなってしまうため、放棄して次の土地を開墾しなければならないそうです。化学肥料を買うお金がないので、2、3回作物を植えると土地の栄養分を全部使い切ってしまい何も育たなくなってしまうとか。

窪田　アフリカの農業の悪しき典型です。もちろん、農地を使い捨てにしていくだけでなく、ある程度計画的に土地を休ませながら耕作しているところもあります。が、アフリカでは、人口が増え続けています。そうなると今度は土地に余裕がなくなります。かくして場当たり的な焼き畑式農業が主流となってしまいます。結局、単位面積当たりの生産性を伸ばさない限り、増え続ける需要を満たすことはできません。

池上　一見、農業の態をなしていますが、農地そのものを「狩猟採集」しているようですね。ひとつの畑を「育てる」という発想も、資金も、技術もないのか、ということを思い知りました。生産性が低い現状も理由も、目の当たりにすると実感できます。

窪田　池上さんがご覧になったモザンビークの農業の実態は、アフリカの農業の立ち遅れの象徴といえます。

アフリカでは灌漑が進まず、雨頼みの農業が続く

窪田　さらにアフリカの農業の発展を邪魔しているのが、灌漑設備の不足です。

池上　灌漑、というと、川や農業用水などから人工的に水を農地へ供給することですね。アフリカでは灌漑農業が発達していないのですか？

窪田　ええ。農業に水は不可欠ですが、アフリカの場合、天水つまり雨水に依存した農地が大半で、満足な灌漑設備を持っている農地は非常に少ないんです。

池上　それはびっくりです。降雨に依存した農業は、東南アジアや中南米のような降水量の多いところならば理解できますが、アフリカは雨期と乾期がはっきり分かれ、乾期には降雨がほとんど見込めないサバンナ気候やステップ気候の地域が大半ですよね。「雨頼み」の農業には本来向かないような気がするのですが。

窪田　おっしゃる通りです。にもかかわらず、アフリカの農業の多くは今も雨頼みです。エジプトを例外として、ほとんどのアフリカ諸国の灌漑面積の比率は数％から10％程度と非常に低いのが現状です。

池上　なぜアフリカでは灌漑農業が発達しないのですか？

窪田　世界銀行もアフリカ開発銀行も、日本を含むほかのドナー（援助国・援助組織）も、灌漑施設の普及に尽力しましたが、全体としてはうまくいっていません。資材の調達が難しい、現地の建設業者が最後まで工事を終えられない……。さまざまな理由があ

ケニアの米作の灌漑施設。用水路が伸びている。

りますが、ひとつはこれまでの農業支援が農業機具などハードを援助するだけで、機具の使い方を習熟させ、自分たちで使えるようになってもらうソフト面の国際協力が足りなかったという側面があります。

池上　どう対応すればいいのですか？

窪田　ハードを援助するとき、同時にソフト＝使い方も徹底的に教え込む。それしかありません。タンザニアのキリマンジャロ州で稲作用の灌漑設備をつくるプロジェクトをＪＩＣＡが手がけたときの事例をお話ししましょう。灌漑設備が完成して稲作が軌道に乗るところまでは比較的順調に進みましたが、人材育成を完了するまでに25年の歳月を要しました。

池上　ずいぶんと時間がかかりましたね。

窪田　灌漑設備が完成してから、使う人のトレーニングを徹底的に行ったからです。灌漑設備の利用の仕方を現地の人たちが完全に覚えるまで、日本側の専門家もアフリカの農業を学びながら、辛抱強く指導していきました。しかし、一度育った人材は、タンザニアのほかの地域の灌漑開発で活躍しています。農業でも人材が命なんですね。

池上　設備を作る以上に、人作りに時間がかかったと。

窪田　国際協力に奇策はありません。魔法もありません。現地の人たちと肩を並べて、その土地に合った技術を探し、自分たちも学びながら教える。何がリスクかを見極め、リスクの内容を理解し、その解決方法を共に探しながら教える。その繰り返しです。

池上　アフリカにおける灌漑設備の普及ぶりはいかがですか？

窪田　タンザニア・キリマンジャロ州での稲作用灌漑施設の整備と技術のほか、欧州ドナー等の支援で基盤を整備した西アフリカの大規模河川の流域では、立派な灌漑農業が見られるようになりました。ただし、以上は成功した数少ない事例で、アフリカの大半の地域では今も灌漑設備が整っていません。

池上　つまり、今でもアフリカの農業のほとんどが雨頼みの状態が続いている……。

窪田　そのためアフリカの農業は天候の変化の影響を受けやすいのです。となると発想の転換が必要となってきます。たとえば、資金不足や水源が不十分といった理由で水をちゃんと供給できる灌漑設備がなくても、農業が可能な方法を考えるわけです。

池上　どうすれば可能になるのですか？

窪田　アフリカには簡単な土地整備で雨季に確実に一作は可能になる小規模な谷筋のような土地が数多く残されています。こうした条件の土地を、私たちが技術指導しながら、農民自身が力を合わせて整備し、生産性を上げていくわけです。ポイントは、地元の農民たちが多少の天候の変化に対応できるだけの農業技術を備えることです。そうなれば、今後の気候変動などにも対応できるようになりますから。

池上　アフリカの農業はどんな仕組みで運営されているのですか？　社会主義国のように国家単位で農業組織がつくられているのでしょうか？　日本のように地域ごとに農協のような組織があるのでしょうか？　それとも個々人が勝手に営農しているのでしょうか？

窪田　独立後のアフリカ諸国の多くが、かつてのソ連のように、種子の取り扱い、栽培、収穫、加工、流通まで、農業のすべてを、公社公団組織に任せていました。しかし、このやり方は非効率で生産量も増えなかったために、どんどん民営化されています。

池上　民営化はいいのですが、これまで国が運営していた公社公団のもとで農業をやってきた農民は、自分で商売をしていたわけじゃないですよね。民営化すると、自分でつくった作物を自分で売らなければなりません。農民は対応できるんでしょうか？

2008年、世界的な食糧価格の高騰がアフリカの農業を目覚めさせた

窪田　もちろん多くの現場で混乱がありました。公営の農場で働いていた人たちが、ある日突然零細ながらも農園の経営者になれ、と言われたわけですから。同時に政府からのサービスはほぼ打ち切られてしまいました。

池上　政府や先進国はどう手を打ったのですか。

窪田　当初は手が打たれませんでした。民営化して市場原理が働けば放っておいてもうまくいくようになるだろうとの安易な読みが、農業の民営化を薦めた先進国のドナー側にあったからです。追い打ちをかけるように、農業の民営化路線がうまく進まなかったのに、アフリカ諸国の政府は農民に技術供与を行うなどの手段を講じませんでした。

池上　先進国のフォローはなかったのですか？

窪田　アフリカに国際協力をしてきた先進国も、穀物分野に関しては積極的に動かな

かったんですね。アメリカにとって穀物は自分たちの主要な輸出産品ですし、アメリカに近いヨーロッパでは自国の農業の保護が重視され、アフリカの農業分野の強化に関しては熱心でなかった。そんな事情も背景にありました。結果として、ほったらかしに近い状態に陥ったのです。日本は長期間にわたってアフリカの農業に対して人的な投資や技術支援を行っていましたが、むしろそちらのほうが例外的でした。

　けれども２００８年、様相ががらりと変わります。

池上　何があったんですか？

窪田　世界的な穀物価格の高騰です。

池上　２００８年、小麦、米、トウモロコシ、大豆などの価格が史上最高値をつけ、世界中で穀物の争奪戦が起きましたね。アフリカをはじめ、途上国の多くでは食料不足による暴動も多発しました。それまで、世界の食料価格は下落の一途を辿っていました。ところが、投機資金がシカゴの先物市場に流れ込んだり、ロシアで小麦が不作だったりして、穀物の需給が一気に逼迫し始めました。なぜこの年に危機が勃発したのでしょう？

窪田　穀物の需給体制に関する複数の問題が、２００７年から２００８年にかけて重なった側面があります。まず、アフリカをはじめとする世界人口の増加があり、同時に食生活の変化により穀物の消費が一段と増加する傾向が顕著になってきました。また、天候不順で主食たる穀物の生産が落ち込む地域がありました。さらに、穀物がバイオエタノールの原料として、つまりエネルギーの原料として注目を浴び、そちらでの需要が急増したために食料用の供給が減ってしまった。その上、穀物は金融商品でもありますから、投資対象としてその価格が乱高下しやすかった……。

池上　アフリカのように穀物の自給体制が確立しておらず、かつ外貨を潤沢に用意できない途上国は、穀物の高騰の影響を直接受けてしまいます。

窪田　食糧価格高騰以前の2003年に開かれたAUサミット（アフリカ連合首脳会議）では、アフリカ各国の首脳が、これまでの農業軽視を反省し、これからは財政支出の10％以上を農業へ費やそうという宣言、いわゆるマプト宣言を出していたのですが、実際にはその宣言は実行されずにいました。

けれども2008年の穀物価格の高騰とその結果として世界各地で社会不安が起きたことを受けて、アフリカも先進国もようやく動き始めました。これから経済的にも人口面でも成長するアフリカが穀物の自給体制を確立しないと、世界中が穀物不足によるさまざまな問題の影響を受ける。ならば、アフリカにもっとちゃんとした農業を成立させなければならない、となったのです。

池上　アフリカと世界の穀物危機に、日本はどう対応したんですか？

窪田　ひとつは日本が得意とするコメの生産を定着させる取り組みです。2008年、穀物危機があった年に日本では第4回アフリカ開発会議（TICAD　Ⅳ）が開催されました。このときにキックオフしたのが、JICAを中心に11の国際協力機関が手を組んで立ち上げた「アフリカ稲作振興のための共同体」通称CARD＝Coalition for African Rice Development）です（159ページ）。

目標は2018年までにアフリカの米生産を2007年時点の1400万トンから

２８００万トンまで倍増させること。アフリカのＣＡＲＤ参加国は23。各国の国家稲作振興戦略づくりを支援し、それぞれの環境を活かしながら、持続可能なコメの増産にむけた支援を続けています。

池上　なぜ、さまざまな穀物の中で、コメが選ばれたのですか？

窪田　アフリカ域内で、コメの需給ギャップが拡大し続けていたからです。需要がどんどん伸びているのに、アフリカでの生産が追いついていない。結果、アフリカ域外からの輸入依存が著しい、という状況になっていました。

池上　コメに対するニーズがアフリカにあったわけですね。

窪田　その通りです。アフリカにコメ市場があるわけですから、コメの自給率向上は政府にもメリットがありますし、生産者である農民にもメリットがあります。技術的に見ても、コメ作りに向いた国がアフリカにけっこうあることが決め手となりました。

　稲作を通じて培われる人材や組織の強化が他の作物の生産性向上にも使える点も見逃せません。稲作開発をアフリカ農業の再活性化の入り口にしよう、という提案に、ＣＡＲＤに参加するアフリカ諸国もドナーも賛成してくれました。

池上　私が２００９年にウガンダで取材した、アフリカの土地にあった品種「ネリカ米」の普及事業もＣＡＲＤの取り組みの一環でしたね。

窪田　ウガンダでは、陸稲であるネリカ米の普及に尽力すると同時に、低地では小規模で簡易な灌漑技術の普及も行っています。同国では、この２つの事業を合わせて国産米振興計画と呼んでいます。ネリカ米普及事業は、近隣国で栽培環境が似た地域にも移転

坪井さんが米の品種改良を

ウガンダの水田に水を引く

これがウガリです。

され、コメが新たな作物の選択肢となることで、農業の多様化の面でも大きな成果をもたらしました。ウガンダ産のコメは、国境を越えて南スーダンにも供給されたと聞いています。

池上　今回、ケニアで取材したケニア最大の米作地帯、ムエアの灌漑整備事業や、インディカ米とネリカ米の二毛作体制の確立もＣＡＲＤの一環ですね。

窪田　はい。

池上　ＣＡＲＤの取り組みはアフリカ全体のコメ増産につながっているんですか？　私の二度に渡る取材の実感としては、確実にアフリカの各地に稲作が浸透しつつあると感じのですが。庶民が、アフリカ伝統の主食であるでんぷん質を練ってつくった「ウガリ」だけではなくて、お米を炊いて料理を作っている場にも居合わせましたし。

窪田　実際にＣＡＲＤ第一グループである12カ国（ケニア、ウガンダ、モザンビーク、マリ、タンザニア、シエラレオネ、カメルーン、マダガスカル、ナイジェリア、セネガル、ギニア、ガーナ）では、基準年である１１９６万トンから3年後の２０１０年には１５６４万トンと30％の増産を達成しています。

池上　ＣＡＲＤは稲作、米にターゲットを絞った活動ですね。アフリカの穀物増産について、日本の国際協力は、他にはどんなものがありますか？

アフリカ稲作振興のための共同体

CARD: Coalition for African Rice Development

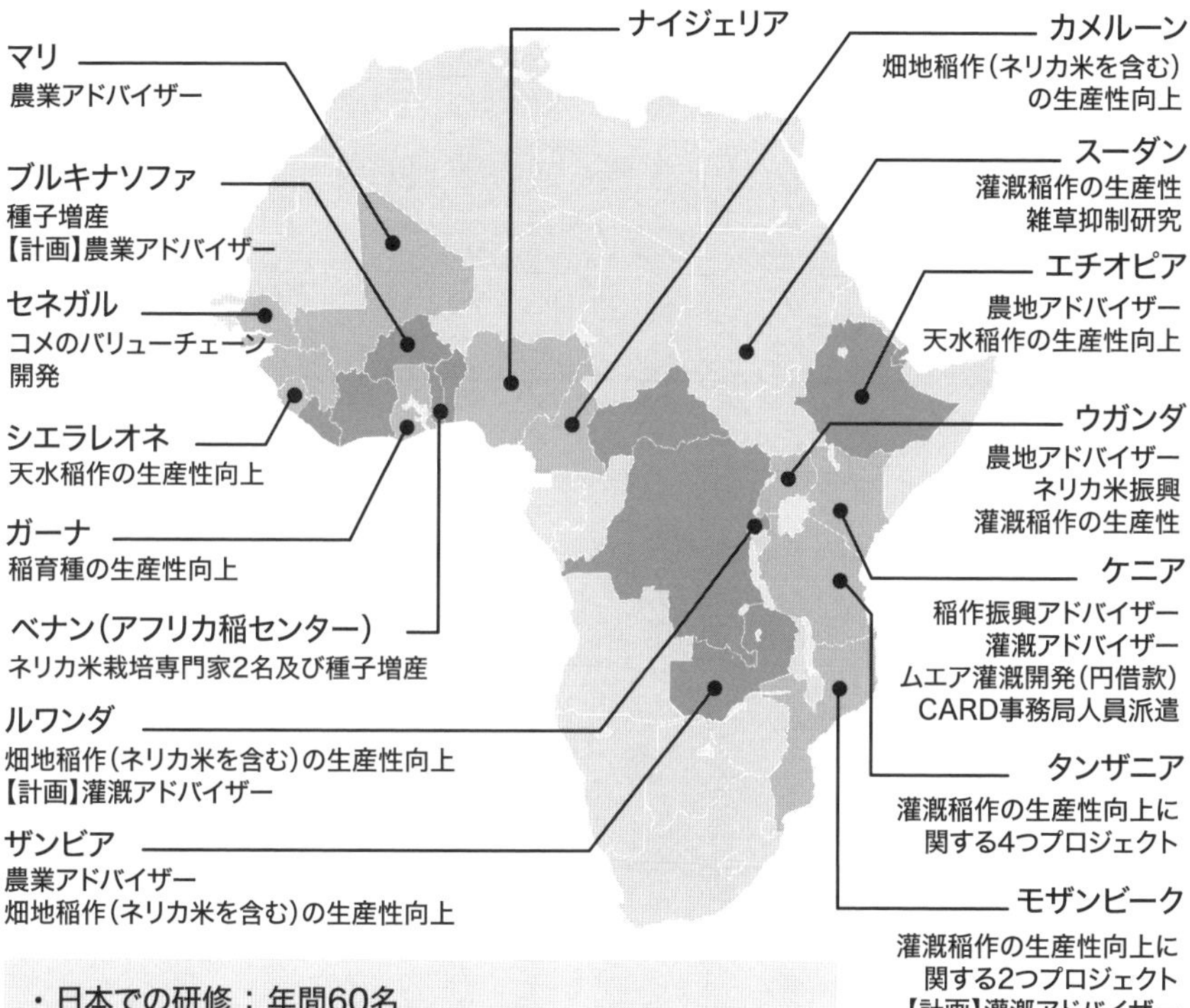

・日本での研修：年間60名
・第三国での研修：エジプト年間20名 / IRRI年間30名

第1グループ

カメルーン / ガーナ / ギニア / ケニア
マリ / モザンビーク / ナイジェリア
セネガル / シエラレオネ / タンザニア
ウガンダ / マダガスカル

第2グループ

ガンビア / リベリア / コートジボワール
ブルキナソファ / トーゴ / ベナン
中央アフリカ共和国 / コンゴ民主共和国
ルワンダ / エチオピア / ザンビア

ケニア・ナイロビ市内の市場はバラの切り花が沢山！

モザンビークで展開されるプロサバンナ事業の旗

ケニアでは「切り花」など売れる農作物作りに着手

窪田　ケニアでは、商業作物、園芸作物をよりマーケティング志向でつくるための活動支援を小規模園芸農民組織強化計画プロジェクト（ＳＨＥＰ）という枠組みで行っています。

池上　商業作物といえば、ケニアは紅茶が世界一の輸出量を誇っていますね。園芸作物でも切り花の輸出が盛んです。バラが隠れた有力輸出産品ですね。ヨーロッパへの輸出が大半ですが、日本の花屋さんで見かけるバラの切り花も相当数がケニア産。私もナイロビのショッピングモールや市場でたくさんのバラの切り花を見かけました。

窪田　コメなどの穀物の生産はアフリカにとって自らの生命線になりますが、外貨獲得手段として、つまり産業として注目すべきは、紅茶や切り花などの商業作物、園芸作物の増産なんですね。農民が現金収入を得ることができますし、世界的に見ても元々競争力のある商品ですから。そこで、ＪＩＣＡを中心に、ケニアの農家により市場に対応した作物づくりの指導や女性たちの就業支援などを行っている最中です。

池上　コメ以外の主食となる穀物の生産支援は、どう展開されているのでしょうか？

窪田　モザンビークで進められている、日本とブラジルの共同事業「プロサバンナ事業」が代表事例です。モザンビークでは、農業の社会的位置づけが大きく変わろうとしており、穀物の自給体制確立のための対応策として、プロサバンナ事業がスタートしました。

１９７０年代に、日本はブラジルに対して３５１億円の海外投融資を開始しました。無償資金協力と技術協力を通じて、熱帯のセラード地方という荒地を、トウモロコシや大豆の大穀倉地帯に変えました。30年近く続いたこの農業開発プロジェクトの成功で、ブラジルは、大豆の輸出量が世界1位、トウモロコシが第3位という一大穀物王国に変身しました。

そこで今度は、一時は世界最貧国のひとつだったモザンビークの農業開発に、日本とブラジルがタッグを組んで協力しようというのが「プロサバンナ事業」です。

池上　ブラジルで行った日本の国際協力が、今度はそのブラジルを巻き込んで、モザンビークでも花開くわけですね。なぜブラジルと一緒に農業支援をすることになったのですか？

窪田　日本の国際協力で農業大国となったブラジルは、２０００年代に入り、アフリカの農業開発支援を計画し始めたのです。そこで対象となったモザンビークはブラジル同様、公用語がポルトガル語で意思の疎通にも事欠きません。さらに、モザンビークの北部地域とブラジルのセラードには、共通点がありました。緯度がほぼ同じで、気候も雨期と乾期がある熱帯サバンナ気候と似ていたのです。そこでセラードの開発を成功させた日本とブラジルが、同じような手法で大豆やトウモロコシをモザンビークで育てるお手伝いをしようとなったわけですね。

アフリカの農業への各国からの支援はこの5年間に集中

池上　日本のアフリカへの農業支援のあらましがだいたい把握できました。２００８年以降、増加しているといわれる、民間資金の投資状況はどうなっているのでしょうか？

窪田　全体像を把握するのは難しいですね。国単位の国際協力はともかく、企業がどんな投資をアフリカの農業にしているのか公表されていないからです。また、報道された事例がすべて実際の投資につながったとも限りません。ランド・マトリクス・プロジェクトのレポートによれば、メディアで報道された全世界のアフリカの農地への投資案件のうち実際の契約に至ったのは約３割程度だそうです。

池上　アフリカの土地に対する投資は、面積でいうとどれくらいでしょう。

窪田　調査対象期間で、合計３４３０万ヘクタールくらいとされ、全世界の投資対象の土地の約半分を占めています。

池上　アフリカの農地面積11億６９００万ヘクタールの３%程度、作物を作っている耕作地は２億５８００万ヘクタールですから、その13%。先進国企業がアフリカの耕地をどんどん買収している、ということでしょうか？

窪田　既存の耕地を購入・長期リースしている、という側面もありますが、むしろこれまでただの荒地だったアフリカの土地に、２００８年以降の穀物価格高騰以降、投資マネーが入り、新たな耕地が増加した側面もあると想像しています。ただ、誰も使っていない荒地だったのか、誰かが休ませながら使っているような土地であったのか、といった土地の来歴については、なかなか現状把握が難しいと思います。前記のレポートによれば、中国、インドなどアジア諸国、産油国、また、アフリカ域内からの投資も盛んだそうです。さらに、農業分野への投資というのは、土地だけに限りません。いま、アフリカの穀物生産には、欧米あるいは多国籍の種子会社、化学会社などが大きな興味を示しています。

池上　なぜですか?

窪田　2011年2012年と2年連続で、タンザニアとエチオピアで、アフリカ各国あるいはアフリカ連合と世界経済フォーラムとが、農業分野への投資会議を共催しています。この一連の会議は、「グロウ・アフリカ投資フォーラム」と名づけられ、タンザニアやモザンビークなど7カ国の構想が紹介され、アメリカの国際開発庁が支援するかたちで、投資の意図のある企業と投資を受けたい国との間のマッチングを行ったと聞いています。この投資フォーラムの対象国は、2013年にナイジェリアなど2ヶ国が追加されています。

アフリカの農業はカネになる？　見え隠れするアメリカ政府の思惑

窪田　すでに欧米の大手ビール醸造会社がアフリカに進出しています。これまでアフリカのビール事業は原料をアフリカ外部から輸入して現地生産してきましたが、今後は原料調達もアフリカの現地生産品へ切り替えていこうとしています。輸送コストがかかるでんぷん原料はアフリカ産に切り替えていこうという戦略です。ビールの原料である大麦が生産できる国は限られているので、小麦、キャッサバ、ソルガムなどが使われ始めているそうですが、現地生産比率を高めるための投資を増やしていくと各社は述べています。さらに、穀物メジャーも、まだ扱い量は限られているそうですが、先行投資として現地法人を設立し始めています。

池上　各国からの民間投資は盛んに動き始めているんですね。

窪田　こうした動きに合わせ、土地制度の改善や、規制が強い種子セクターの改善など、投資環境の整備をアフリカ諸国に求める民間セクターの声は高まる一方です。以上の流れを受けて、先進国も動きを見せています。米国政府は、もともと民間企業がアグリビジネスをアフリカで展開する上でさまざまな支援を行ってきましたが、ここ2年ほどは、投資環境を整備しようと、投資家の声を集約し、アフリカ向けの投資フォーラムの開催を支えるなど活発に行動しています。

池上　やると決めたら、アメリカは政府も企業も迅速に動きますね。

窪田　アメリカは、食料の安全保障が議題の一つになった２０１２年のＧ８のホスト国でもあったので、アフリカの農業への積極関与は、その布石でもあったのでしょう。

池上　日本企業の動きはいかがですか？

窪田　先ほど紹介しました、２０１２年5月に開催された「グロウ・アフリカ投資フォーラム」には、主宰者である世界経済フォーラムが欧州主導のイベントであったせいでしょうか、日本企業は1社も参加していませんでした。このイベントだけがアフリカへの投資参入の道ではありませんが、次回からはぜひ多くの日本企業にも参加してほしいと思っています。アフリカ諸国への投資に関する情報がまとめて紹介される上に、アフリカにおける投資の規範のあり方などもさかんに議論される場でもあるからです。アフリカを目指す日本企業にとって、またとない情報収集のチャンスになり得るはずです。

池上　２０１２年のＧ８での食料安全保障についての会合では、「種子」に関する話題も少なくなかったと聞いています。アメリカには種子ビジネス最大手のモンサントがあります。アフリカの農業ビジネスに米国の種子ビジネスが入り込む可能性はありますか？

窪田　大いにあります。すでにアメリカでは民間の力を活かしてアフリカの農業を支援する枠組みを作る動きが始まっています。モザンビークの農業支援に対しては、投資環境の整備に関して日米で議論をリードすることになっています。アメリカ政府は、コンサルティング企業に委託して、民間セクターの声を吸い上げる作業を行っています。アフリカ域内やモザンビークの企業の声も反映されているそうですが、内容を見ると、土地制度や種子ビジネスに関する規制緩和など「アメリカを含むアグリビジネス企業の意向」が色濃く反映されています。こうした規制の緩和が民間セクターの発展に不可欠、というのが米国の意思でしょうね。種子ビジネスにしても、最大のお得意様は地域で大多数を占める小規模生産者ですし、アメリカの意図も、海外からの投資を寡占するのではなく地元のビジネスとパートナーシップを形成するところにあるとされています。

池上　アメリカが、遺伝子組み換え作物やアフリカの気候や環境に最適化された品種の種子の普及など、お得意のアグリビジネスの展開を構想しているのはまちがいないでしょうね。日本がアフリカの農業発展に貢献できる分野はなんでしょうか？

窪田　種子は農業開発にとって非常に重要ですし、その点にもちろん異論はありません。一連の議論の中で私どもが主張したのは、種子そのものの重要性とならんで、その品種の能力を最大限引き出すために必要となる農業技術、具体的に言うとさまざまな作物の栽培ノウハウや人材の育成の重要性です。土地に適した栽培法を選択し、導入し、継続していかなければ、どれだけ優れた品種を持っていっても成果はあがりませんし、逆に人材が育っていれば、多少の環境の変化があっても、あるいは新しい技術を導入するときも、自分たちで対応することが可能になります。個々の小規模農家の能力が向上すれば、彼らが農業の担い手になることにつながりますし、結果として利益を得られるようになるでしょう。日本政府は、農業分野への責任ある投資という原則の適用により、小農が土地収奪にあわないような投資の実現をG8を含めた国際社会とともに推進していますが、ＪＩＣＡの小農の能力強化策はその実現への具体的な貢献でもあると考えています。

池上　アメリカが種子ならば、日本は農業技術と人材育成である、と。

窪田　はい。急成長した中国で13億人が米を食べられるようになったのは、中国の環境に合わせて品種改良されたハイブリッド米や小麦の普及があり、さらに中国の気候にあわせて洗練された栽培法も広がったから、とされています。

池上　種子だけでも栽培技術や人材だけでもだめで、3つそろってはじめて農業がうまく発展するわけなんですね。

窪田　また、作物の種類や農村の事情によって、大規模農業が適している場合と小規模農業を細かく発展させた方がいい場合とがあります。日本の国際協力は、相手国、相手地域の環境を実際に見てきめ細かく対応するところに特徴があります。そのやり方で、いちばん持続可能でパフォーマンスのあがる農業を根付かせたい、と考えています。

日本の国際協力の前提にあるのは、課題の全体像を把握しながら、日本の得意分野で貢献していこう、という発想です。先ほど紹介したＣＡＲＤにしても、アフリカで稲作を普及するとても大きな挑戦です。一方、参加してくれるドナーや民間企業それぞれ得手不得手の仕事があります。みんなの得意分野をうまく活かしながら、相乗効果を狙う。これが日本流の国際協力です。

池上　アフリカ進出といえば中国の存在が一番大きいですね。農業分野では？

中国も参入、アフリカの農業の底力はこれから見えてくる

窪田　農業分野でも中国は積極的です。中国国内ではすでにさまざまなセクター間で土地と水の競合が始まっているため、食料の生産拠点をアフリカに求めているという見方もされています。アフリカ各国への技術支援と並行して、自国で成果を挙げてきた各種作物の品種や技術を今のアフリカで試しているようにも見えます。いずれにしても、アフリカにおける農業の可能性を評価しているからの動きでしょう。

池上　中国のアフリカ進出の手法は、ちょっとアメリカと似ていますね。官民が合わせてやってくる、という意味で。

窪田　ええ。官民が一体となって一気呵成に行う国際協力や投資のやり方は、「民間」の意味するところに違いはあるかもしれませんが、中国とアメリカに共通点が多いように個人的には思っています。

池上　今回ケニアやモザンビークを歩いて実感したのですが、アフリカの大地の潜在能力に比すると、相対的に見て日本企業が出遅れているように思えてしまいます。

窪田　たしかに直近のデータで見る限り、アフリカはまだまだ日本企業の投資対象としては未知数で市場も発達していない、という側面があります。ただ、食料とりわけ穀物の供給体制は、世界の食料事情やエネルギー事情、ひいては社会の安定や治安問題にまで直結します。食料輸入国である日本にとって、アフリカ農業の発展は他人事ではない

のです。また、さまざまな商品価値をもつ作物の供給地として、今後アフリカの農業はより魅力的な存在になると思います。

一方、今もお話ししたように、アフリカでは、ここ5年でアメリカや中国からの農業支援がものすごい勢いで増えています。ＥＵなど欧州勢も農業・食料安全保障分野に回帰しており、金額的には日本の支援を凌駕しています。

池上　アフリカの農業に対して、日本の国際協力は今後どうあるべきでしょうか？

窪田　公的機関であるＪＩＣＡは、インフラ整備や人材の育成など、アフリカの農業開発の基幹部分に貢献しようと考えています。広い意味での投資環境の整備ですから、ぜひその成果を日本企業に活用いただきたいですね。アメリカや中国だけではなく、日本も官民あげてアフリカ農業の発展に寄与する日がやってきた。私はそう感じています。

03

日本とブラジルがタッグを組む！モザンビークの「プロサバンナ」で世界規模の穀倉地帯ができるとき

モザンビークでは今、日本とブラジルがタッグを組んで、一大農業革命が実現しようとしています。その名は「プロサバンナ」。舞台は、北部の街リシンガ市とインド洋に面したナカラ港を結ぶナカラ回廊沿いの平原地帯です。

地域の主食であるトウモロコシやキャッサバを大規模に生産して安定供給できるようにしよう。大豆などの商業作物をたくさんつくって、農家が現金収入を得られるようにしよう。一大穀倉地帯に育て上げ、貧困の解消と食料の安全保障を果たそう――。「プロサバンナ」は以上の目的を果たすための農業改革プロジェクトです。

１９７０年代からの日本の国際協力で、ブラジルの「不毛の地」とされたセラード地帯が一大農業生産地地帯に変わり、ブラジルはアメリカと並ぶ世界最大の穀物輸出国になりました。セラードでは、穀物以外にも、コーヒー、棉、果樹・野菜、サトウキビなど多様な作物を生産しています。

プロサバンナは、ブラジル・セラード地帯での経験と教訓を参考に、モザンビークの開発に貢献しようという事業です。ブラジルとモザンビークは母国語がポルトガル語で意思の疎通も不自由しません。プロサバンナの現場、取材しました。

荒地だったブラジル・セラードを一大農業地帯に変えたのは日本の国際協力でした。

プロサバンナは日本農業の国際協力の粋

ＪＩＣＡ 宮崎明博さんに訊く

池上　まずは「プロサバンナ」の全貌を、モザンビーク在住のＪＩＣＡの宮崎明博さんに説明していただきましょう。ちなみに今、私は宮崎さんと一緒に、ナンプラの街から農業地帯へとランドクルーザーを走らせています。ナカラ回廊の幹線道路から一歩入ると、あっというまに舗装道路はなくなりました。未舗装のがたがた道です。

宮崎　これでも、日本で言うと「県道」クラスの、立派な公道なんですよ。

池上　え、そうなんですか。では、車に揺られながら、「プロサバンナ」について教えていただきましょう。

宮崎　「プロサバンナ」は、第2章で池上さんが取材してくださったモザンビーク北部の「ナカラ回廊」開発プログラムの中核をなす、重要な事業です。

池上　ナカラ回廊の開発の中で最も重要な事業がプロサバンナ？

宮崎　ええ。まず、幹線道路と港湾設備の物流インフラの開発。この物流インフラの開発と並行して「プロサバンナ」による総合的な農業開発、さらには地域の農民の社会開発――具体的には教育と医療水準の向上を目指したプロジェクトを組み合わせることで、地域経済の持続的かつ包括的な開発と発展を目指しているわけです。なぜ、物流と農業と教育や医療をセットで開発する必要があるのか？　その理由、こうやって実際

モザンビークの農業地帯では未舗装路が大半です。雨が降ると通行困難に……。

に未舗装の道路を走っていただけるとおわかりいただけるかと(笑)

池上　はい。ただいま身をもって理解している最中です(笑)。道路が未舗装で貧弱なままだと、たとえ農業生産力を上げても、作物の出荷すらままならないですね。大型トラックは入り込めませんし、普通のワゴンでも雨期には足をとられて立ち往生しかねません。学校に行くのにも一苦労ですし、医療機関に行くのも容易じゃない。農業も経済開発も社会発展も、物流インフラがセットじゃないと機能しないことがよくわかります。

宮崎　本当にそうなんです。物流インフラを整えておかないと、農業開発もできないんですね。せっかくつくった作物を市場に流通することが物理的にできないわけですから。ＪＩＣＡでは、現在、道路、橋梁や港の改善事業を行うナカラ回廊の物流インフラ整備と、農業開発であるプロサバンナ事業を同時並行して実施しています。農産物が国内でスムーズに流通することになり、将来的には輸出産業に育つ可能性も出てきます。

池上　プロサバンナについて詳しく教えてください。

宮崎　目的は、大きく分けて2つあります。1つは、モザンビークの農業、とりわけ主食穀物の生産性を上げて自給体制を確立し、貧困の削減と栄養の改善を図ること。もう1つは、大豆のような商品作物の生産性を高めることで現金収入への道を開き、さらに規模拡大を目指して、将来的には穀物を含む作物の輸出ができる農業大国となることです。

池上　モザンビークの農業人口は？

宮崎　国民の8割が農業に従事しています。就農人口は多いのです。ところが、ほとんどの農民がトラクターなど農業機械を所有しておらず、農業技術も低く、現金収入が少ないために高価な輸入肥料を使えません。もっぱら、人力で耕した耕地で作物を育て、広大な土地を延々移動しながら、農業を営んでいます。数年経つと土地が痩せて使い物にならなくなるため、生産性が低く自給自足型で焼き畑を行う伝統的農業が主流です。

池上　車窓からも手作業で開墾された耕地が見えました。庭ほどの土地にキャッサバやトウモロコシを適当に植えているだけ。自宅用作物の栽培で精一杯でしょうね。

宮崎　その通りです。従来型のモザンビークの農業では、主食となる穀物の生産性の向上は難しい。未舗装路が象徴するように物流インフラが整っていないため、物流コストが農産物の価格に上乗せされます。結果、モザンビークでは、物価に比して食費が高くなっています。さらに人口増加が著しく、今後は農家が新しい農地を確保するのも困難になるかもしれません。

池上　課題山積ですね。

宮崎　「プロサバンナ」がスタートする直前の２００８年のデータを見ると、モザンビークは、国連開発計画（ＵＮＤＰ）の人間開発指数が１７７カ国中１７２カ国。最も後発の途上国の１つです。だからこそ、農業開発を実現し、国民が主食を低コストで手に入れられるようになり、農民が現金収入を得られ、栄養の改善を図り、充実した教育や医療へのアクセスが可能になることで、貧困から脱却し、一刻も早く経済成長を促す。モザンビークの課題です。

池上　とはいうものの、今まで小規模な自給自足農業しかなかったところに、一気に近代的な農業を導入するのは、なかなかハードルが高そうですね。

宮崎　日本は、ブラジルと一緒にモザンビーク農業の近代化に協力することにしました。ブラジルこそは、日本の国際協力によってアメリカと並ぶ世界トップクラスの農作物輸出国に変身した、成功事例です。現在、穀物でいえば大豆の輸出量は世界第1位、トウモロコシも世界第3位です。

　そのブラジルも90年代前半までは穀物輸入国でした。変身するきっかけは１９７０年代半ばにさかのぼります。当時第一次オイルショックやアメリカが大豆の禁輸を行ったために、世界的に穀物不足が叫ばれました。当時の田中角栄首相がブラジルを訪れて資金援助を決定し、その後ブラジルの熱帯サバンナ地域セラード地方を一大農業地帯にするプロジェクトが１９７９年に立ち上がったのです。

セラードは典型的な熱帯サバンナ地帯で、農業に適した場所ではありませんでした。けれども資金に加えてＪＩＣＡが１００人以上の専門家を派遣した結果、90年代までにセラードは１２００万ヘクタールの巨大な農業地帯に生まれ変わり、トウモロコシや大豆、コーヒーや綿花、野菜が栽培されるようになりました。かくしてブラジルは農業大国となったのです。

池上　日本の国際協力で、ブラジルが農業大国に変身したんですね。

宮崎　ブラジルのセラードで実現した農業開発の経験が、そのまま政治や社会の条件が異なる現代のアフリカで使えるわけではありません。それでもセラードでの農業開発はアフリカ農業の近代化に大きなヒントを与えてくれると私たちは考えています。

まず、ブラジルのセラードは熱帯サバンナ気候ですが、モザンビークをはじめアフリカもまた熱帯サバンナ気候にあたる地域が非常に多いのです。

池上　ブラジルとモザンビークは気候が似ているんですね。

宮崎　はい。気候が似通っているだけに、ブラジル・セラードでの経験なり教訓なりがモザンビークの農業開発に活かせるだろう、と考えています。かくして、２００９年から日本とブラジルで共にアフリカの農業開発を援助しようという「三角協力」がスタートしました。

池上　モザンビークのプロサバンナ事業は、日本とブラジルによる「三角協力」の最新事例、というわけですね。

宮崎　モザンビーク北部では、ブラジルのセラードでの経験や教訓がとりわけ活かせそうです。セラードとほぼ同緯度に位置し、熱帯サバンナ気候でもあります。環境条件が似ているのです。また、ブラジルとモザンビークはどちらも母国語がポルトガル語なのでブラジルの専門家とモザンビークの農家の間で意思の疎通が簡単です。

池上　課題はありますか？

宮崎　ブラジルとモザンビークでは社会・経済環境が大きく異なるので、セラードでの開発方式をそのまま導入するわけにはいきません。農民の土地利用に関する風習など、モザンビークの社会経済状況にあった開発方法が必要です。セラードの農業開発でもさまざまな制度改革がありました。モザンビークでも地域住民のためになる複数の制度改革が必要になるでしょう。

池上　プロサバンナの規模を教えてください。

宮崎　モザンビークの国土の約７割にあたる54万㎢が、熱帯サバンナ気候にあたり、かつ耕作可能な地域です。このうち、プロサバンナの優先地域が日本国土の約３分の１、11万㎢。ただし、実際に農地となっているのは私たちの現時点での調査結果によると、約2・5万㎢にすぎません。この広大な耕作可能地で、近代農業を立ち上げていきます。

池上　プロサバンナの進め方を教えてください。

宮崎　事業は３つのアプローチで展開します。すでに日本からやってきた専門家がはりついて、それぞれプロジェクトを立ち上げています。

① 研究能力・技術移転能力向上支援プロジェクト＝ProSAVANA-PI

それぞれの土地にマッチした作物をつくるための品種改良や栽培技術の開発、それに試験場の研究能力の向上のための技術協力を行っています。２０１１年からスタートし、２０１６年まで継続します。のちほど日本の専門家が現地でくわしく解説します。

② 農業開発マスタープラン策定＝ProSAVANA-PD

ナカラ回廊沿線の19郡を対象に、農業開発の可能性を調査して、市場志向型かつ土地収奪等の問題を引き起こさない農業開発計画をつくります。こちらの現場もこのあと見学いたします。

③ 実証事業・農業技術普及プロジェクト＝ProSAVANA-PEM

①と②の成果を活用し、小規模農家が市場にアクセスできるような開発モデルを構築したり、農産物の増産支援をするなど、具体的な農業開発支援を行います。２０１３年からスタートして、２０１９年まで継続する予定です。

池上　日本のチームは、ブラジルのチームとどう役割分担しているんですか？

宮崎　それぞれの長所を活かす、というのがポイントです。日本は、長年アフリカの農業に協力してきた歴史と経験があります。プログラムの事業管理にも長けています。きめ細かな技術指導にも定評があります。一方、ブラジルは熱帯農業の先進国であり、多様な作物の生産国であり、豊富な知見を有しています。小規模農家支援についても農地改革省という担当省庁を設て、さまざまな農業政策を展開して成果をあげています。

池上　お互いのよいところを組み合わせて、最大の効果を上げようというわけですね。プロサバンナを遂行するうえで一番のハードルはなんでしょう？

宮崎　土地問題です。モザンビークの土地は基本的にすべて国有地で、国民には使用権が認められています。この土地の登記が曖昧なために、誰が借りている土地なのかが役所のデータを見てもわからず、さまざまな問題が生じています。これまでにも、国が農地開発を行おうとしたら、地元で土地を持つ小規模農家と利害関係が相反するケースもあるようです。土地の利用権を持っていても個人ベースで貸し借りの契約が困難であることも問題のひとつです。

池上　土地使用権が曖昧、土地取引が困難というのが農地開発のネックになっている。

宮崎　モザンビークの小規模農家のほとんどは、肥料を使わずに転作を繰り返しているため、一見ただの荒地が実は誰かの畑だった、というケースが少なくないのです。しかし、人口の増加で各農家が活用できる農地がどんどん狭くなっていきます。

池上　どう対応しようとしているんですか？

宮崎　モザンビークでは大規模農家はほとんどいないので、まずは中規模農家に声をかけて、小規模農家を巻き込んだ契約栽培や近代的な農業を拡げていく――それがプロサバンナで策定する計画の下の１つのアプローチだと考えています。あるいは地域の農業組合や企業に声をかけて、地元の小規模農家を束ねてもらい、集約的に農業を営むことも検討しています。

池上　農家を束ねて、経営規模を大きくするわけですね。

宮崎　農地面積を拡大するには、トラクターなどの機械の導入や肥料の使用が欠かせません。それぞれの農地に適した品種を導入し、農業技術を改善して生産性を上げていく。また、小規模農家が集まった農業チームに融資をしたり機械を貸したりすることで営農規模を拡大して生産量の増加を見込みます。

技術移転をして、農耕機械を貸して、肥料も投与すると、それまでより各段に収穫量が増えます。そうなれば、成功した農家はやはり周囲に自慢したくなります。どうだ、俺の畑は、と。それを見ていた周囲の小規模農民が、うちも真似したい、教えてくれないか、となればしめたものです。本格的な農地開発は、まさにこれから、です。

モザンビークの納豆とゴマが日本の食卓に？

モザンビーク・ナンプラ州農業局長に聞く

私たちは、ナンプラ市から80㎞ほど離れた農村を訪れました。この村では、モザンビーク政府の援助とＪＩＣＡの技術的な支援を受けて、農業開発を行っています。村の人に

ゴマの新芽

大豆の新芽

キャッサバとトウモロコシ

農業の様子を聞いてみましょう。

池上　モザンビークにしてはずいぶん広大な農地ですね。誰の所有物なのですか？

村の男性　旧宗主国のポルトガルから移民してきた人がオーナーです。ざっと1000ヘクタールほど。このうち800ヘクタールを私たち地域農家が借りています。いま、政府の融資制度を活用して、新しい作物を導入したり、栽培技術の向上に務めています。

池上　何を栽培していますか？

村の男性　トウモロコシ、ゴマ、キャッサバ、落花生、インゲン、フェジョンという豆などです。これまでは自給自足に近かったのですが、農業規模を拡大したおかげで、現金収入を得られるようになりました。いまは、つくった作物の半分が自分たち用、残り半分を市場に売っています。

池上　（畑を指差して）こちらでは大豆とゴマが交互に植えられていますね。

村の男性　日本の技術指導によるものです。大豆は、空気中の窒素を自分の根に固定するので肥料がまかれたのと同じ状態になります。ゴマを単体で植えるよりも地力が衰えず、同時にふたつの作物を栽培できます。はじめたばかりなので、これからが勝負です。

池上　今の問題はなんですか？

村の男性　広い土地にトラクターが1台しかないので、耕すのは人力中心でとても効率が悪いのです。井戸もたった1つしかないので、灌漑がちゃんとできない。このため常に水不足です。私の場合、子供が7人もいるので、生活は常に大変です……。

モザンビークの農業局長ペドロ・ドゥクラさんと。インタビューしたこの村にはまだ電気がきていません。

続いてモザンビーク・ナンプラ州の農業局長ペドロ・ドゥクラさんに話を聞きます。

池上　モザンビークの農業における基本的な課題を教えてください。

局長　水の確保です。灌漑するためのインフラが整っていません。農業の発展には、水を安定供給するための灌漑施設が不可欠ですが、いまのところ水の供給は雨水に頼りきりです。近くに川が流れているので、雨期は川からポンプで水をひっぱってきています。これが乾期になると川の水も減ってしまうので、農地に十分な水を供給できません。井戸水や大型河川から、水を安定的に供給できる大規模な灌漑施設がモザンビークの農業発展には欠かせないのです。

池上　農業技術に問題はありますか？

局長　モザンビークの農業の大半はいまだに小規模農家が人力で土地を耕して自宅用作物を栽培する自給自足型です。農業規模を大きくして技術の向上を図り単位面積当たりの収穫量を増やさなければ、農

モザンビーク・ナンプラ州の農地

家は現金収入を得ることができません。

池上　どうすればいいんでしょう？

局長　モザンビークの気候にあった良質な品種が不可欠ですね。それから肥料も農薬もほしい。さらに農業技術の移転も課題です。いずれもお金がかかります。そのためこれまでは実現したくても、無理でした。でも、そこに日本とブラジルの協力によるプロサバンナが登場しました。非常に期待しています。持続可能で、より大規模な農業がようやくモザンビークにも根付いてくれるのでは、と思っています。

池上　以前よりモザンビークには先進国からの農業支援があったと聞いています。

局長　残念ながら、かつての農業支援は、先進国側の技術を一方的に押しつけるだけで、モザンビークの気候や土地制度や農民たちの文化を顧みることがほとんどありませんでした。そのため、せっかく投資してもらってもうまく機能しなかったのです。プロサバンナは、モザンビークの気候や土地制度や農民たちの文化を前提として進められている上、地域の物流インフラ開発にあたるナカラ回廊プロジェクトとも連動しているため、モザンビークの農業の未来に大きな可能性を与えてくれる、と感じています。

池上　モザンビークの農業の未来をどう考えていますか？

局長　まず国内の食料自給体制を確立することですね。トウモロコシが大量生産できれば、主食の確保が可能となります。次に目指すはブラジルのような農業輸出国になることです。大豆やゴマなど輸出商品になり得る作物を増産して将来は日本へも輸出したいものです。

池上　10年後、モザンビーク産の大豆でつくった納豆にモザンビーク産のゴマをかけて、朝ご飯を日本の食卓でいただく、というのが当たり前になるかもしれませんね。

局長　そんな未来が来ることを私たちも期待しています（笑）

農業局長の話では、日本と欧米の国際協力はずいぶん色合いが異なり、少なくとも農業においては自己流を貫こうとする欧米型はうまく定着しなかったそうです。ブラジルで成果を上げた日本の国際協力がプロサバンナ計画でも花開くことを期待しましょう。

プロサバンナの現場で、トウモロコシと大豆が並んで植えられている理由

いよいよプロサバンナ計画が進められている農地を見学してみます。農業指導にあたっている専門家の辻本泰弘さんに案内していただきます。

池上　こちらの試験農場では、トウモロコシと大豆が交互に植えられていますね。

辻本　モザンビークでは、トウモロコシを挽いて粉にしたものを練った「ウガリ」のような食べ物が主食です。これまで小規模農家は自分たちが消費する穀物だけを細々と作っていました。モザンビークでは常に穀物が不足し、農民が人口の8割を占めるのに、

プロサバンナの現場を指導する辻本泰弘さん

大豆とトウモロコシを交互に植える

輸入に頼らざるをえませんでした。トウモロコシの増産を軌道に乗せ、モザンビークの食料自給体制を確立するのが、第一目標です。

池上　なぜトウモロコシと一緒に大豆が植えられているのですか？

辻本　理由は3つあります。

1つめは、換金作物として大豆の生産を定着させることで、モザンビークの農民の現金収入を確保すること。大豆は食料としても飼料としても常に世界的に大きな需要がありますし、大豆輸入国である日本とのつながりもできます。トウモロコシで食料自給を、大豆で現金収入を、という二本立ての農業をモザンビークの基本としたいのです。

2つめは、大豆の根に共生している根粒細菌の力で窒素が固定されるため、土地が豊かになり、トウモロコシの育成にも良い効果が上げられるからです。

3つめはリスク分散ですね。トウモロコシは乾燥に強く、大豆は比較的弱い。そのため大豆は旱魃状態になると、収穫できませんが、トウモロコシは生き残ります。トウモロコシがとれれば、少なくとも食料は確保できます。

池上　こちらではどんな農業試験を行っているのですか？

辻本　土地や気候ごとにどんな品種が最も生育条件がいいのか、気象観測も行いながら、きめ細かなデータ収集をしています。ナンプラは平地なので気温が高いのですが、ここから奥に入った高原地帯は標高が１４００ｍもあるので、日本の軽井沢のような気候です。当然、生育条件が異なります。それぞれの地域でどうすれば一番収穫量を増やせるのか。肥料の量を調節したり、異なる品種を植えたり。試行錯誤の毎日です。

池上　モザンビークの農業関係者の反応はいかがですか？

辻本　これまで彼らは気象観測装置を持たなかったので、気温すらちゃんと計らずに、暑いか涼しいかくらいの感覚で農業試験を行っていました。いまでは、定量的なデータを元に、厳密に成長度や収穫量を比較できます。数字ではっきり違いが出てくるので、みんな興味津々です。この農地では全部で7パターンの試験処理を行っています。

①**トウモロコシだけ。**
②**大豆だけ。**
③**トウモロコシと大豆を両方。**

この3つの栽培パターンに、肥料を

❶**たくさんやるところ**
❷**ふつうにやるところ**
❸**少しだけやるところ**
❹**やらないところ、**

という4つのパターンを掛け合わせます。これで一番生育条件がよくなるパターンを編み出そうというわけですね。

池上　ブラジルの農業研究チームもこちらで作業をしているんですよね。

辻本　向こうに見えるトウモロコシ畑がブラジルチームのものです。

池上　日本の試験場に比べるとずいぶん広々と使っていますね。お互いのキャラクターの違いがはっきり出ています（笑）

辻本　はい（笑）。日本の試験農場は０・５ヘクタール単位ですが、ブラジルの試験農場は10ヘクタール単位です。ブラジルは大規模農業で鍛えられています。とりわけセラードでは、痩せた土地で大豆栽培を成功させていますからね。石灰肥料を大量に投入して、土地改良を行うなど、ブラジルならではの農地改革を進めています。品種ごとに細かくデータをとりながら、最も適した作物と栽培法を模索する日本のやり方と役割分担をしていますね。

池上　今、日本人は何人が参加しているのですか？

辻本　私が参加しているPro SAVANA-PIでは、ＪＩＣＡから委託されたＮＴＣインターナショナル株式会社と国際農林水産業研究センターのスタッフが12人ほど。２０１１年スタートで２０１６年までの5年間プロジェクトです。

日系ブラジル人スタッフにプロサバンナの仕事を聞く

続いて日本とタッグを組んでプロサバンナを推進しているブラジルの方々を取材します。答えてくださったマウリダ・ナカネさんは日系ブラジル人2世です。日本語は残念ながら話せないそうですが、日本からブラジルに渡って農地を開拓した日本人の子孫が今度は日本と一緒にモザンビークの農地を開拓する歴史的な縁に感動を覚えます。

ブラジルから派遣されたプロサバンナ事業チームは、日系人のマウリダ・ナカネさん（左から４人目）が中心メンバーでした.

池上　いつからモザンビークにいらっしゃっていますか？

マウリダ　２００９年に「プロサバンナ」の合意署名の直後に開始した調査から参画しています。現在はプロジェクト全体の方向性を決めるマスタープランの策定チームに参加しています。

池上　ブラジルが日本とタッグを組んで国際協力をするようになったのはなぜですか？

マウリダ　日本とブラジルの関係が１００年以上あり、セラードの農業開発でブラジルは世界有数の農業大国になりました。このときの協力関係を活用して農業途上国モザンビークの農業を改善すれば、モザンビーク国内の主食の需要を満たせるようになるばかりでなく、世界的な食料安定供給体制を確立する一助となります。それにモザンビークとブラジルは母国語がお互いポルトガル語なので、非常に仕事がやりやすいですね。お互いに親近感を覚えますから。このプロジェクトを通じて両国がもっと親密な関係になることを願っています。

池上　今行っている調査の内容は？

マウリダ　モザンビークとブラジルは緯度も近く気候も似ていますが、条件が異なる部分があります。そこでブラジルのセラードで成功した農業技術がどれだけそのまま使えるのか、あるいはどこを調整しなければならないのか、テストしている最中です。

池上　ブラジルとモザンビーク、最大の違いはなんですか？

マウリダ　実は気候や環境ではなくて農民です。モザンビークはたくさんの小規模農家が点在しています。どうすれば彼らを巻き込んで規模の大きな生産体制をつくることができるのかが課題です。かつてのブラジルでは、セラードは荒地で農民が誰もいなかったため、最初から大規模農業を展開できました。この違いは大きいですね。

池上　プロサバンナ事業はいつまで続くのですか？

マウリダ　マスタープラン策定は佳境に入っていますが本番はこれからです。10年後までに農家に自分の土地に張り付いて土壌改良を行い、定住型農業を習熟してもらう。20年後までに一定の成果を出す。以上3段階のイメージでプログラムを進めています。

プロサバンナとモザンビークの明日

モザンビークの農業開発は、まだスタートラインに立ったばかりです。かつて日本がブラジル・セラードで行った国際協力が花開き、今度は日本とブラジルがモザンビークで一緒に農業改革を進めようとしている。国際協力の理想的な連鎖として、多くの日本人に知ってほしいですね。

農業のようにその土地の自然環境を前提としている産業の場合、自分たちの流儀を押し付ける欧米流の援助は往々にして機能せず、地元の事情をしっかりくみ取りながら持続的に技術移転を図る日本型の国際協力が有効な手段である、ということにも気づかされました。

世界人口が増え続ける中、アフリカの食料自給体制の確立はひとごとではない課題です。日本流の国際協力がアフリカの農業を進化させることができれば、それは回り回って日本の食料安全保障にもつながります。ナカラ港から輸出された大豆とゴマを日本で味わえるようになる――そんな日を心待ちにしたい、と思います。

04

ケニアにコメを！　アフリカコメ作り最新事情

アフリカの赤道直下の国ケニア。あなたが思い浮かべるのは、ライオンやゾウやキリンが闊歩する典型的なアフリカの大自然でしょう。

ところがそのケニアではなんと16世紀から稲作が始められています。そして今日本がコメ作りのお手伝いをしています。首都ナイロビから北に１１０㎞、標高約１２００ｍの涼しいムエア地域では、日本の技術協力で一大稲作地帯が広がりました。ケニアのコメの国内生産の6割以上をこのムエア地域が占めています。

ただし、ケニアでは増える一方の国内のコメ需要に生産が追いつかず、コメの自給率は20％を切っています。穀物の自給率が低いままだと、国内の食のコストがかさんでしまい、物価を押し上げて、国際競争力を奪ってしまうことになります。

食料安全保障の観点からも、主食となる穀物自給率を上げるのは、国家として必須課題です。２００７年から２００８年にかけて、世界規模で穀物価格が高騰したときは、アフリカをはじめ世界各地で食料不足を原因とする暴動や争乱が起きました。

日本は、ケニアをはじめアフリカ諸国でコメの生産量を倍増させるプロジェクトを立ち上げました。コメ作りの進化が、ケニアの明日をつくる。田んぼ、農家、農業組合、精米所、販売店、ショッピングモール、家庭の食卓まで、ケニアの米の現場を歩きました。

ムエア灌漑区

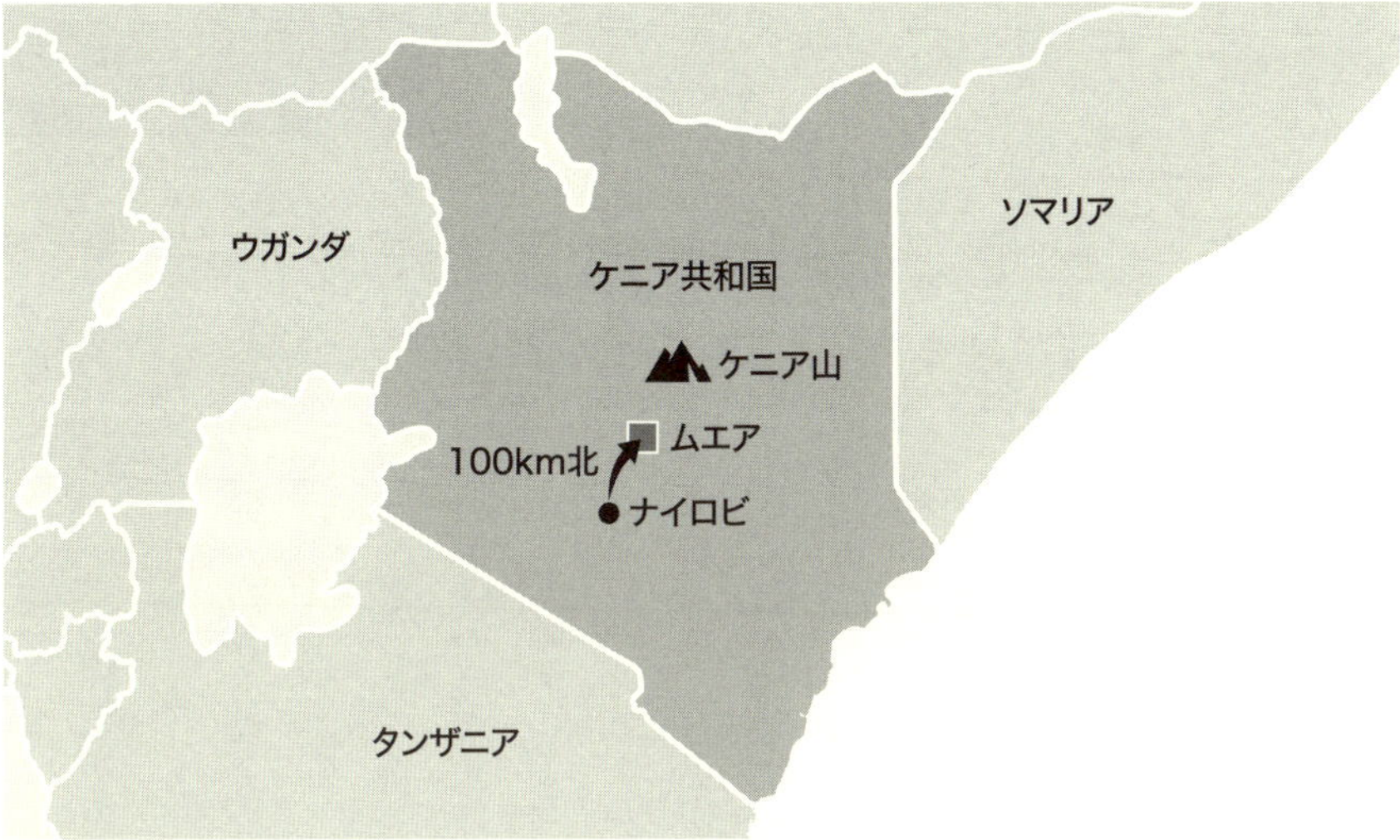

ケニアのコメ作りの現場を訪問
ムエア高原の田んぼは軽井沢のよう

ケニア最大の米作地帯ムエアは、首都ナイロビから100㎞ほど北にあります。幹線道路を飛ばして1時間半、遠くにケニア最大のケニア山が見えてきました。標高5199m。頂上に氷河が残る、アフリカ大陸ではキリマンジャロに次ぐ第2の高山です。

青黒いケニア山を背景に広がる一面の田んぼ。空気は乾燥していて、気温は25度ほど。夏の軽井沢のような、実にすごしやすい気候です。朝日に照らされて、インディカ米の穂が揺れています。ムエアの稲作地帯です（写真193ページ）。こちらでは日本が1988年から、稲作の技術指導や灌漑設備の建設・改修、水管理や営農指導等の支援を行っています。ケニア農業省で稲作新興アドバイザーとして派遣されている二木光さんにお聞きしました。

トウモロコシ畑の向こうのケニア山。ムーミンの「おさびし山」のようです

池上　実に広々とした田園が広がっているのでびっくりしました。なんだか懐かしい風景です。どのくらいの面積があるのですか？

二木　約７８６０ヘクタールですね。年間のコメの生産量は約４万トン。ケニアにおけるコメの生産量の約５割以上を占めています。

池上　それはすごい。ケニア一の穀倉地帯というわけですね。ケニアではもともと稲作の伝統があったのでしょうか？

二木　ケニアの稲作の歴史はけっこう古いんです。16世紀くらいからはじめられたようです。インド洋に面しているために中東やインドとの交易が盛んで、日本のうるち米とは異なる長粒のインディカ米が伝わってきて栽培されてきたようですね。

池上　ムエアでも当時から稲作が行われていたのですか？

二木　古くからの稲作地帯はビクトリア湖周辺の低湿地帯だそうです。標高のあるムエアでの稲作は20世紀半ばから。イギリス植民地時代末期の１９５４年、湿地と平原の入り交じったムエアに３０００人ほどのケニア人を入植させたのが始まりです。

池上　当初はイギリスがかかわっていたんですね。

二木　植民地政策の一環だったようです。イギリスの農業関係者がムエアを調査したところ、未開の地だったムエア地域が非常に稲作に向いた豊かな土地であることがわかったんです。稲作に欠かせない水は、近くを流れるケニア最大のタナ川流域から得られますし、火山であるケニア山由来の火山灰の混じった肥沃な土壌に恵まれている。その後ずいぶん過酷な開墾作業があったそうですが、１９５７年には稲作がスタートしまし

ケニア・ムエアの広大な水田地帯と日本の農業技術を現地に伝える専門家の面々

た。１９６３年にケニアはイギリスから独立しますが、ムエアの稲作開発は国家事業として続けられ、１９８０年代にはすでにケニアのコメの生産量の６割以上にあたる２万７０００トンを生産するまでになりました。

池上　そこまで稲作が発達したムエアで、なぜ日本の国際協力が必要なのでしょう？

二木　理由は２つあります。１つはコメの生産性が落ちてきたことです。稲作開始から30年経って灌漑設備が老朽化したり、灌漑地区の農民が増加したり、度重なる干ばつで水不足がちになったりしたからです。もう１つは、収穫量のさらなる増大を狙って二期作の導入を考えるようになったことです。品種改良や機械化の進展などが必要になります。そこで80年代半ばから２０００年代半ばにかけて、日本はムエアに対して技術協力と無償資金協力を継続してきたのです。

池上　効果はありましたか？

二木　灌漑設備をメンテナンスし、さらに拡充した

ムエアの灌漑施設は日本の国際協力でできました。

おかげで、稲作面積はこの20年で1・2倍増えました。品種改良や二期作の定着で収穫量も4万トンに達しました。就業人口も農民３０００人程度だったのが５０００人近くまで増えました。

池上　すばらしい成果ですね。現在はどんな国際協力を行っているのですか？

二木　ＪＩＣＡでは２００８年の第4回アフリカ開発会議（ＴＩＣＡＤ Ⅳ）で、10年間でアフリカのコメ生産量倍増を目指すイニシアティブ「アフリカ稲作振興のための共同体＝ＣＡＲＤ」を推進することにしました。ケニアは対象国の一つです。２００８年のコメ総生産量7・3万トンから２０１８年までに10年間で１７・８万トンにまで増加させようと目標を立てました。

池上　ケニアでのさらなるコメ増産のための国際協力は、ムエアが重点地区ですか？

二木　はい。２０１０年にはケニア政府との間でムエア灌漑開発事業を対象に１３１億７８００万円の円借款貸付契約が結ばれました。灌漑施設をさらに整備して、農業用水の安定供給を行うと同時に二期作だけではなく、他の陸稲や園芸作物の二毛作を推進します。作付面積もさらに広げます。２０１０年当初約７８６０ヘクタールでしたが、灌漑設備の建設・改修後は1万７０００ヘクタールまで広げる予定です。

池上　積極的にコメを生産しようというケニア政府の意志が伝わってくる数字ですね。ちなみに二毛作で植えるのはどんな品種を？

二木　現在検討段階ではありますが、新たに導入しようとしている候補としては、現在植えている長粒の水稲であるインディカ米とは別の種類、陸稲のネリカ米です。

池上　ムエアでもネリカ米が導入されようとしているんですか！　アフリカの気候に適した品種であるネリカ米を開発し、その普及に努めているミスター・ネリカこと坪井達史さんには２００９年の夏、ウガンダで取材をしました。なんだかうれしいですね。

二木　坪井さんにも直接いらしていただき、ネリカ米の栽培ノウハウを教わりました。ネリカ米は乾燥に強い陸稲なので、水が比較的豊富な表作の時期には水稲のインディカ米、水が不足する裏作の時期にはインディカ米とネリカ米を併用することで、二毛作が可能になる、と我々は踏んでいます。

池上　ケニア政府も期待しているんでしょうね。

二木　ケニアの発展にとって、主食である穀類の自給率向上は経済成長の必須課題なのです。食料安全保障の面と物価の安定の面で、コメの増産はケニアの経済成長のカギを握ります。このためケニア政府は、中進国への脱皮を図るために２００８年に策定された国家コメ振興計画「National Rice Development Strategy（ＮＲＤＳ）」の中でも、ムエアのコメ作りを優先課題としているのです。

池上　専門家の皆さんはいつからこちらに？

二木　私が担当する稲作振興アドバイザーは２０１０年から、ムエア灌漑地区で活動するプロジェクトは２０１２年から開始しました。灌漑設備づくり、そして二毛作への挑戦と、高い目標を掲げて日々仕事をしています。

ムエアの農村の土間で、コメを炊くお母さん。電気もガスも通ってないので薪で調理！

ケニアのお米のご飯は豆が混ざっていて日本の赤飯のようです

電気の通らぬ村で見た！「ケータイ」でコメを売り買いする人々

ムエアの田園地帯には、農家の集落が点在しています。一軒の農家で話をうかがってみることにしましょう。お米を炊いているお母さんに声をかけてみます。

池上　おはようございます。何を作っているんですか？

お母さん　朝ご飯よ。田んぼでとれたお米を豆といっしょに炊いているの。

池上　いい匂いがしますね。豆がちょっと赤みを帯びていることもあって、見た目はなんだかお赤飯のようです。お米のご飯はどのくらいの頻度で食べているんですか？

お母さん　この村じゃ、朝、昼、晩と三食必ずお米のご飯よ。おいしいし栄養もあるしね。ケニアの主食はもともとウガリ（トウモロコシやキャッサバの粉を練ってゆでた食べ物）で、あれは腹持ちがいいんだけど、お米のほうがおいしいわ。……どう、食べていかない？

池上　え、私が、ですか？　じゃあお言葉に甘えて……。

朝ご飯を誘われたので、さっそくおうちにお邪魔をしました。奥には旦那さんがいらっしゃいます。

目の前で炊いてくれた朝ご飯を食べる筆者

池上　お邪魔します。あ、こちらが朝ご飯ですね。

お母さん　さあ、召し上がれ。……どう？

池上　うん、なんだか懐かしい味だ。ちょっとお赤飯にも似ているし。インディカ米なのでちょっとぱらぱらしているけれど……。ウガリより、私の口に合います（笑）

お母さん　それはよかった！

池上　ところで旦那さん、ちょっとお部屋が暗いんですが？

旦那さん　ああ。この村はまだ電気が来てないんだよ。あと1㎞のところまで、そう、さっきあなたたちが通ってきた通り沿いのお店があるところまでは来ているんだけどね。早く電線、通してほしいね。というのも、テレビ、買っちゃったんだよね。

池上　え、電気、通ってないのに、テレビ、買っちゃったんですか？

旦那さん　ああ。待ちきれなくってね。ほら、ここに（と、緞帳のような布を持ち上げると中からテレビが）。

池上　ほんとだ。緞帳をめくるとテレビがありがたく出てくるって、昔の日本のお茶の間みたいですね（笑）

旦那さん　日本もそうだったんだ！　早くこのテレビでテレビ番組、見たいものだよ。

　ご飯をごちそうになってお家の外に出ると、米を買いに来た女性が村の広場に現れました。携帯電話を持っています。

池上　あれ、携帯電話、使えるんですか？　村には電気が通じてないって……。

女性　ケータイは大丈夫なのよ！　村に太陽電池を使った充電所があってね、そこで充電しておくの。みんな持ってるわよ。だってこのケータイ、電話やメールするだけじゃなくってお財布代わりにもなるんだから！

池上　お財布代わり？

女性　そうよ。このケータイでね。買い物ができるの。今から、自分が作ったお米を売っている、こちらのおじさんから買い物をするから見ててちょうだい。おじさん、いい？

おじさん　ああ、いいよ（といって、自分のケータイを取り出す）。

女性　お米の値段を、こちらに入力して、おじさんのケータイに送るわけ。

おじさん　……お、来た来た。あんたのアドレスで、間違いないね（お互いのケータイをチェック）。

女性　オッケー！　これで認証ボタンを押して、はい、おしまい！　お米が買えました。

ケータイでお米を売るおじさんと、お米を買う女性。

池上　（目を丸くして）すごいですねえ。ケータイで現金の決済が全部できてしまうんですね。日本のケータイサービスより進んでいます。

女性　この辺り、銀行もないし、現金を持っているとあぶないし。このサービスを利用すれば、どこでも商売ができたり買い物ができたりするようになったの。すごく便利よ。

ここでちょっと解説しておきましょう。女性とおじさんがケータイを使って現金のやりとりをしたサービスを提供しているのは、ナイロビに本社を置く、サファリコムという通信会社です。今やアフリカ屈指の通信会社に成長し、ケニアの携帯電話市場の7割以上を占め、サファリコムのユーザーはケニアの人口の半数近くに及ぶそうです。

2人がやりとりしていたのは「エムペサ（M-PESA）」という電子マネーサービス。2007年、英国のボーダフォン社と合同で始めました。携帯電話のショートメール機能を利用して、現金のやりとりを代行します。銀行口座を持っていなくても、クレジットカードを持っていなくても利用できるので、あらゆる階層にあっという間に利用者が広がり、ケニア国内のエムペサのユーザーは１４００万人に達したそうです。ケニアの人口が４１６１万人ですから国民の⅓が利用している計算になります。

　農村の発展には、農家が現金収入を得ることが不可欠でしたが、こうした電子マネーサービスの普及はその後押しになることを、目の当たりにしました。

ケニアの農家も「××さんのお米」でブランディング

　続けて、今度は刈り取ったお米を精米している場所を２カ所取材してみました。

　１カ所目は地元の農業組合が運営している半公営の精米所です。こちらでは田んぼから収穫したお米をまとめて精米して、袋詰めしたあと、ケニア国内各地へ販売するまでを一手に引き受けます。日本の農協のような役割を担っているわけですね。ケニア最大の穀倉地帯のお米の大半はここから出荷されます。

　ただし、農家からするといくつか不満があるそうです。個々の農家がつくったお米を組合がまとめて出荷するため、最終的にそれぞれ農家にお金が入るまでにどうしてもタイムラグができてしまうんですね。

農業組合が運営している半公営の精米所。

半公営の精米所で袋詰めされたお米は、ケニア国内各地へ販売されます

すぐにでも自分の作ったお米を現金化したい、あるいは自分のお米は品質に自信があるので自ら売りたい、という農家のニーズに応えるサービスが、この農業組合の施設から１㎞ほど離れたところにありました。民間の精米会社です。

　こちらでは、個々の農家が自分の作ったお米を持ち込んで、個別に精米してくれます。このためすべての米袋にはそれぞれの農家の名前が書いてあります。精米会社は精米と袋詰めのサービス料を農家からもらう仕組みです。農家は自分のつくった米をこちらで精米してもらい、すぐに自分の手で持ち帰り、販売できる、というわけですね。先ほどエムペサでの売り買いを見せてくれた米を売っている村のおじさんもこちらのサービスを利用していました。

　ムエアの農協ができたのは90年代終わりのことだそうです。それまでムエアの稲作事業は国家主導ですべて行われていました。けれどもお米作りの腕を上げていった地元農家たちが、もっと自分たちの自由に米を売りたい、という声を上げるようになり、誕生したのがこちらの農協だったそうです。

　ただし、農協が主体となるとすべての農家のお米が一緒くたに売られてしまいます。農家の中には、自分の米に誇りを持ち、自分のブランドで売りたい、というやる気のある人たちも出てきました。

　民間精米所はそんな農家のニーズもくみ取っているわけですね。日本のスーパー等でも「××さんのお米」と個人ブランドでお米を売っていますが、あれと同じような売り方が、ケニアでも始まりつつあるのです。

民間の精米会社では、農家個人が「自分ブランド」の米を売ることができる

精米所で働く女性たち。室内はコメの粉塵が舞い、健康にはちょっと悪そうです

農協と民間、どちらの精米所にも共通課題がありました。それは精米機の水準が著しく低いため、凄まじい粉塵が立ちこめていることです。特に民間精米所のほうでは、マスクを借りて取材したのですが、それでものどに粉が入ってくるほどのひどさでした。長く現場で働いていると、確実に気管支系に障害をもたらしかねないレベルです。聞くとどちらも中国産の精米機を使っていました。日本の精米メーカーはケニアに進出していないそうです。ＪＩＣＡのスタッフの話によると、「価格競争で中国産にはかなわない」そうです。が、ケニアの農村部がもっと豊かになれば、市場規模も広がるわけですから、十分に参入余地が出てくるはずです。

現場で働くひとの健康を鑑みても、ぜひ日本の精米メーカーには進出してほしいものだ、と実感いたしました。

道で米を売るお母さんから高級モールのブランド米まで
ケニアの米販売の小売りの現場を歩く

では、最後にケニアで作られた米がどこで売られているのか、対照的な2カ所をごらんに入れましょう。

1カ所目は、ムエアの田園地帯と農村地帯とを結ぶ幹線道路沿いの商店街です。こち

赤ちゃんを抱いたお母さんがムエアの農村地帯の路上でコメを売る

首都ナイロビの高級モールで売られるお米

らでは、個々の農家が卸したお米を並べて売っています。

店番をしているのは、すべて女性です。赤ちゃんを抱いたお母さんもいますね。店番の女性に聞くと、売れ行きはぼちぼち。どれも同じお米に見えるけれど、何がこちらの店の「売り」になるのですか、と尋ねたら、「そうねえ、あたしの笑顔、かしら」とにっこりされました。日本の田舎の無店舗販売や道の駅の野菜の直売所のような趣きです。

もう１カ所は、首都ナイロビにある巨大ショッピングモール。こちらはインド系の財閥が建てた新しい商業施設で、ナイキやアディタスのようなブランドショップ、おもちゃ売り場、書店、はてはカジノまである、ナイロビ屈指の高級モールです。実は、２０１３年９月にイスラム過激派に襲撃されたあのモールですが、私たちが取材した２０１３年２月時点では平和そのもの。大勢の人たちがショッピングを楽しんでいました。

このモールの中にあるスーパーマーケットに行くと、ずらりとインディカ米が売っていました。ケニア国内のブランドのみならず、海外から輸入したブランドもあります。日本のスーパーマーケットでも、これだけたくさんのブランドのお米はなかなか扱っていません。数十種類に及ぶお米のブランドを見て、ケニアがいま急速に米の消費を増やしている様を目の当たりにしました。

ケニアの未来　お米の未来

ケニアのお米の最新事情について、稲作を行っている田んぼから、精米所、小売り、そして食卓までを取材してきました。

稲作の発展に欠かせない灌漑設備の充実と品種改良と栽培技術の向上を、日本の国際協力はケニアのコメ作りの現場に施してきました。そのかいあって20数年間で、ケニアのコメ作りの規模は数倍に成長しました。一方、課題も残っています。精米の品質やブランドづくり、そして最終的な料理法など、消費に直結した面に関しては改善の余地がありそうです。

ケニアは、米の生産地としてはもちろん、消費地としても成長していきます。お米のバリューチェーンの入り口から出口まで、日本がお手伝いできること、さらに増えていきそうです。

IKEGAMI'S SUMMARY

イケガミの  まとめ!

コメやトウモロコシや大豆＝「主食」の
大規模生産が
日本の技術移転で実現する!

モザンビークでは、
日本とブラジルの協力で
トウモロコシと大豆の大規模生産事業
「プロサバンナ」がスタート。

ケニアでは、
大がかりな水田開発と
コメ作りが進行中。

主食の自給自足が
アフリカの人々を豊かにし、
世界の食料供給の安全保障に！

ケニア・オルカリア地熱発電所。大地から噴き上がる地熱パワー。

CHAPTER 4

日本が解く！ アフリカの課題
その3 地熱発電で電力の普及を

イケガミの

マエセツ!

アフリカには、まだまだ「電力」が足りない。
切り札となるのは、なんと
人類発祥の地から生まれる「地熱」でした!

「電力」に関するアフリカの現実

経済発展に絶対欠かせない電力。けれども……。

アフリカでは、成長著しいケニアですら普及率は 20%台。

モザンビークでは、都市部でも毎日数時間停電がある。

「電力」に関するアフリカの課題

経済発展していないために、エネルギー輸入国では、

石油や石炭、天然ガスをたくさん購入できない。

経済発展していないために、エネルギー資源産出国も、

エネルギー資源を自国の発電に使えるほど開発できていない。

「電力」を普及させるためのアフリカの解決策

世界最大の「地球の割れ目」。アフリカの大地溝帯=グレート・リフト・バレーは、

「地熱」資源が使い放題。

ケニア・オルカリアでは、

無尽蔵でクリーンな「地熱発電」を日本の技術で開発中!

モザンビーク・ナンプラ市の中華料理店。ディナーの最初から最後までずっと停電。ポータブルLEDの青い光の下で食事を。

アフリカの経済成長に必須な3つの要素、本書ではそれを明らかにしてきました。

1番目に物流インフラ。

2番目に主食たる穀物。

3番目は……電力です。

電力の安定供給は、近代文明の必要条件です。水や空気同様、社会のライフラインです。

でも、アフリカの多くの国では、電力が足りていません。どのくらい足りていないのか。こんな体験をしました。モザンビークを取材したときのことです。

北部の中心都市ナンプラで、地元で国際協力活動を行うＪＩＣＡのスタッフや青年海外協力隊の皆さんとディナーをとりました。街でも評判だという中華料理店に一行は向かったのですが、突然の豪雨に見舞われたとたん、街中が真っ暗になりました。

停電です。

レストランは大丈夫なのか？　内心、どきどきしている私を尻目に、現地生活に慣れたスタッフたちは、滝のような雨が降り注ぐ中、駐車場に車を停めるとレストランの中に駆け込みました。店内も真っ暗です。するとレストランのボーイがなにやら四角いものを抱えてきて、壁にかけるとスイッチを押しました。青い灯が妖しく店内を照らします。ポータブルＬＥＤライトです。

「しょっちゅう停電するからね。これ、必須よ」とボーイさんはクールに言い放ちました。

結局、停電はお店を出るまでの3時間、回復しませんでした。私たちはＬＥＤのライトのもとで晩餐を楽しんだのです。これがモザンビークの都市部の電力事情です。こう書くといささか笑い話めいて聞こえてしまいますが、実生活や経済活動を行う上で、停電がしょっちゅう起こるようでは支障をきたすのは目に見えています。ＪＩＣＡの方々も、モザンビークの電力供給の不安定さには頭を抱えていました。

では、今回電力について取材したケニアはどうでしょう？　ケニアはモザンビークと比べると経済成長がかなり進んだ国です。首都ナイロビは立派な大都市です。そのケニアにして電力の普及率は何と20％台にとどまっているというのです。たしかに、第3章の農業編でケニアの稲作地帯の農村を訪ねたところ、「村まであと1㎞のところで電線がとまっている。まだこの村には電気がない」と地元農家のおじさんが話していました。

ケニアにとって、電力供給の立ち遅れは大きなボトルネックです。なぜ電力が不足しているのか。理由は資源不足にありました。ケニアは石油や石炭などエネルギー資源がほとんど産出しません。輸入しようにも、経済がそこまで発展していないために買うお金が足りません。かくして水力発電以外に頼れる電力がなかったのです。

そんなケニアにとって、そして東アフリカの多くの国にとって、少ないコストで無尽蔵ともいえるエネルギーを電力用に取り出せるチャンスが今、目の前に現れました。

地熱発電です。

地熱発電は、足下に無尽蔵にある地球の地熱エネルギーを直接活用します。ただし、地熱を取り出すのに適している場所は限られています。火山帯など地熱が豊かな場所でなければ、地熱発電の開発は困難なのです。

ケニアが位置するアフリカ東部には、地熱発電に最も適した「大地溝帯」＝グレート・リフト・バレーがあります。アフリカの大地溝帯は人類発祥の地とも言われています。周辺では数多くの人類の化石が発掘されています。かつてジャングルだったのが地熱でサバンナ化し、樹上生活のできる環境を失った人類の祖先が、樹上から地上に降り立って、二本足歩行を始めたという説もあります。

大地溝帯は文字通り大地の割れ目です。地球上のプレートとプレートとが割けて分かれようとしており、総延長６５００㎞。裂け目からは地熱が吹き出している個所がいくつもあります。地熱発電にこれほど適した場所はありません。

中でもケニアの国立公園、その名もヘルズゲート（地獄の入り口）公園の中に位置するオルカリアは、地熱発電の中心地です。すでに複数の地熱発電所が稼動しています。そしてこの発電所では、日本企業の技術と機器が使われています。

火山大国日本は地熱発電大国。その日本の地熱発電技術がケニアの電力供給に役立とうとしています。キリンやシマウマが闊歩するオルカリアの現場を訪ねました。

01

ケニアを中心とした東アフリカは地熱発電のメインストリート

西日本技術開発リマ・ロバト・エンリケさんに、ケニアの地熱発電の未来を訊く

アフリカはエネルギー資源の宝庫です。とりわけ西アフリカでは石油が潤沢に採掘されています。一方、東アフリカにはこれまで目立ったエネルギー資源は見当たりませんでした。

そんな東アフリカのエネルギー資源のダークホースが、地熱発電です。マグマの動きが活発な大地溝帯が縦断しており、地熱発電の潜在能力に満ちています。すでに、日本の支援が始まっていて、東アフリカを代表する国ケニアでは、ＪＩＣＡの主導で地熱発電所が増設されています。

ケニアで現場取材する前に、地熱発電の開発技術を持ち、ケニアでのプロジェクトにも参加している西日本技術開発の取締役リマ・ロバト・エンリケさんに話を伺いました。メキシコ出身で、日本とメキシコの交換留学生第１号として九州大学に留学し、その縁で、九州電力の関連会社で電力・エネルギー、環境、社会基盤整備などの総合的な建設コンサルタント業務を行う同社で働き、達者に日本語を使いこなすリマさんに地熱発電について教えてもらいました。

日本最大の地熱発電所の技術をアフリカへ

池上　西日本技術開発の本社がある九州には、日本最大の地熱発電所、八丁原地熱発電所がありますね。日本で培った技術をケニアへ展開中とのことですが、アフリカ進出のきっかけは？

リマ　世界銀行のプロジェクトに参加したのを契機に、円借款でケニアの地熱発電所を増設するＪＩＣＡのプロジェクトに参画することになったのです。池上さんが取材するケニア・オルカリアで「地熱地域最適化調査」を行いました。

池上　地熱発電というとアイスランド、それからインドネシアという印象が強いのですが、アフリカも地熱発電の潜在力がある土地なんですね。

リマ　地熱エネルギー自体は、原則的には地球のどこでも存在します。が、基本的には地熱エネルギーを取り出しやすいところで行う。それが地熱発電の開発の基本です。マグマが吹き出す火山帯などは、地熱を取り出しやすい場所です。

　たとえば、チリのマガジャネス・イ・デ・ラ・アンタルティカ・チレーナ州を始点に、ペルー、ボリビア、エクアドル、コロンビア、中米、メキシコ、アメリカ、アラスカ、日本を通って、フィリピン、インドネシア、ニュージーランドまで達する火山帯があります。いずれも地熱発電に適した地域です。

池上　昔、学校で環太平洋火山帯というのを習いましたが、あれですね。

西日本技術開発の取締役リマ・ロバト・エンリケさん。実に流暢な日本語で地熱発電を解説してくださいました。

リマ　ええ。それからもうひとつ、地熱発電に適した地域があります。それが、アフリカの「大地溝帯」（グレート・リフト・バレー）です。大地のプレートが離ればなれになり、地割れから吹き出すマグマが、プレートとプレートの間をさらに押し広げてできたのが「大地溝帯」ですね。

池上　アフリカ大陸を南北に走る大地溝帯は、人類発祥の地かもしれない、と言われます。

リマ　今回の地熱発電プロジェクトもこのアフリカの大地溝帯で展開されています。グレート・リフト・バレーは3つの地溝帯からなるのですが、そのうち最大の地溝帯は、東リフト・バレーと呼ばれます。モザンビーク、タンザニア、マラウイ、ブルンジ、ザンビア、ルワンダ、ウガンダ、エチオピア、エリトリア、ジブチ、アンゴラ、コンゴ、そしてケニアと12カ国にまたがっています。

池上　ずいぶん多くの国の名前が挙がりました。東アフリカを地熱発電のメインストリートたる大地溝帯が縦断している証左です。

環太平洋火山地帯とアフリカの大地溝帯は地熱発電のメッカ

　アフリカというと、ダイヤモンドからウランまでさまざまな資源の宝庫と言われていますが、地熱エネルギーの宝庫でもあるんですね。

リマ　天然ガス、石油、石炭も豊富です。適切な技術を投入すれば、アフリカはエネルギーの宝庫になる、と言っても過言ではないでしょう。

池上　アフリカにおける地熱発電の可能性を具体的に教えてください。

ケニアの電力の２割はすでに地熱由来

リマ　２００９年に、ＪＩＣＡの依頼で東アフリカにおける地熱発電のポテンシャルを調査したことがあります。ケニア、ウガンダ、タンザニア、エチオピア、ジブチについて調査を行いました。全体としては、約１万５０００メガワットの発電量を得られる可能性があります。内訳は、ケニアは７０００

ケニアの大地溝帯には雄大なサバンナが広がっています。

メガワット以上、タンザニアは６５０～８６０メガワット、ウガンダ４５０メガワット、エチオピアは５０００メガワット以上、ジブチは２３０メガワットです。

池上　ケニアの地熱発電の潜在能力は圧倒的ですね。

リマ　ケニアでは調査が進んでいるので、より現実に即した数字が把握できています。ケニアはこれまで化石燃料が産出しない国でした。電力はもっぱら水力頼みでした。水力発電は天候に左右されます。アフリカでは干ばつもあるので、いつも水が豊富なわけではありません。その点、地熱はあらゆるエネルギー資源の中で最も安定的です。枯渇することもなければ、季節変動もない。しかもクリーンです。二酸化炭素を出すこともない。だからこそ、大地溝帯が縦断し、豊富な地熱資源に恵まれているケニアでは、地熱発電の開発が大いに期待されているのです。

池上　この発電量は現時点での調査水準で、ということですから、もっともっと発電することも計算上は可能なのでしょうね。リマさんの会社では、ケニアのオルカリアでどんな仕事をしているのですか。

リマ　発電所建設のための基礎調査ですね。地熱発電所を作るのにふさわしいかどうかを調べるわけです。私たちが調査に入ったところは無事合格し、新しい地熱発電所の建設が始まったところです。おそらく池上さんも現場にいらっしゃるかと思います。２０１４年の稼働を目標にしています。

池上　今、ケニアにおける発電のエネルギー別比率はどうなっていますか？

リマ　ケニアの総発電量は１５００メガワット程度です。そのうち水力が60％、火力が18％で、地熱は13・５％です。２０３０年までの開発計画では、総発電量を１万５０００メガワットへ引き上げることになっていますが、そのうちの3分の1は地熱発電で賄いたいというのが、ケニア政府の考えです。

地熱は、天候や時間を選ばない自然エネルギー

池上　改めて、地熱発電のメリット、デメリットについて伺えますか。

リマ　メリットは、文字通り「地球にやさしい究極の自然エネルギー」であることです。自然エネルギーには、水力や太陽光や風力もありますが、水力発電は乾期で水不足になると機能しなくなります。太陽光発電は夜は使えませんし、天候が悪いと効率が落ちま

ケニアの大地溝帯にあるオルカリアの地熱発電所

す。風力発電は風が吹いていないとできません。それに比べ、地熱には天候や時間の制限がありません。

懸念材料としては、地熱発電の場合、実際に開発してみないとその能力を推し量るのが難しいところがあります。温泉と同じですね。出そうなところのあたりはつくのですが、どれだけの成果が得られるのかは開発してみないとわかりません。

池上　だからこそ確かな探査技術が必要になるわけですね。

リマ　ええ。そこで当社のような地熱発電の探査技術を持った会社の出番となるのです。地熱発電の技術を持っている国はいくつかありますが、この探査の部分は、日本が得意としています。

池上　立地の問題はどうでしょう？　火山国日本は隠れた地熱大国ですが、地熱発電に向いた場所はすでに国立公園だったり温泉地だったり景勝地だったりすることが多く、実際に大規模な地熱発電所をつくるのが難しいといわれます。ケニアの場合は？

リマ　ケニアにおいても、地熱発電所があるところは風光明媚で国立公園がある地域と重なっているんですね。池上さんが現地取材されるオルカリア地熱地帯は、ヘルズゲート国立公園のど真ん中です。ケニア政府は地熱発電所と国立公園の自然とを共存させながら、同地ですでに30年近く地熱発電所を稼働させています。

池上　自然との共存ができているんですね。ここには温泉はないのかな。アイスランドでは、地熱発電所に温泉リゾートが併設されていますが。

リマ　ケニアに温泉設備はありませんね。でも、キリンと一緒に公園の中を歩けます。

池上　キリンがいるんですか！

リマ　たくさんの野生動物が発電所と共存しています。発電所の調査のとき、私たちが昼食をとっていると、1匹の猿が近寄ってきました。私たちはエサをあげました。翌日、猿は2匹に増えていました（笑）。最後には集団でやってきてしまったので、食べ物はもうあげない、ということにしました。そのくらい自然豊かな場所なのです。

池上　ケニアならではですね。ケニアでは、「国立公園の中には地熱発電所をつくってはならない」というような規制はないのでしょうか。

リマ　地熱発電所だけを対象にした規制はありません。ただし、ケニアは観光国家ですから、ワイルドライフ、野生動物や自然の景観を守るべしという法律はあります。このため、こちらの地熱発電所でも動物と共存できるよう、設備の設計に工夫をしているはずです。

池上　発電した電力は主にどんな分野で消費されているのですか？

国の成長に必要なのは、食糧・エネルギー・健康

リマ　いわゆる民生用電力として消費されています。第二次産業に大量に利用できるほどの発電力はありません。現在ケニアは主に天然資源の輸出で外貨を稼いでいますが、発電量が多くなれば工場を誘致することも可能になるので、今後は産業への利用も必然的に増えていくでしょう。

池上　ケニアの地熱発電が発達すると、大地溝帯が通っている周辺国も開発に乗り出しそうですね。

リマ　地熱発電の2番手はエチオピアです。すでに地熱発電所を持っており、これからさらに増えていくでしょう。ただし大地溝帯が通っている12カ国すべてで地熱発電所を建設し続ける必要があるかというと、そうでもありません。東リフト・バレーはモザンビークからエリトリアまで続いていますが、その間にいくつか地熱発電所を建設し、あとは送電線をつないで供給すればいいのです。たとえばケニアでつくった電力をウガンダやルワンダに供給するということも十分に考えられます。電力エネルギーをシェアすればいいのです。実際に、メキシコと中米では、メキシコからパナマまでの送電線を使って、各国で電力エネルギーをシェアしています。

池上　東アフリカでは、ケニアが地域の経済成長のカギを握るといわれています。

リマ　そうです。ケニアがいち早く発展して安定すれば、東アフリカの大黒柱になりま

ケニア・オルカリア地熱発電所は国立公園の中。野生のキリンやシマウマが雄然と闊歩する。

す。周囲の国も安定に向かおうとするでしょう。私は、すべての国が同じ時期に同じように発展するよりも、まずはエネルギーの大黒柱をつくる方がいいのではないかと思っています。ケニアに近いコンゴは現在政情も不安定と聞きますが、ケニアが地熱発電のビッグ・ブラザーになれば、コンゴもそれに従って成長していくと思っています。

国が成長するには、食糧・エネルギー・国民の健康が必要です。地熱発電は、エネルギーを生み出すだけでなく、熱を生み出し、水も生み出します。水は食糧を生み出します。食糧は国民の健康をつくります。

池上　全部繋がっているんですね。ケニアで地熱発電が進むと、ケニアそして周辺国が成長するというお話ですが、日本はどんな協力ができるんでしょうか？

リマ　地熱発電は調査から発電所の建設までに時間がかかります。基礎調査からアセスメントに至る業務では、日本の知的サービスの活用が期待できます。

池上　日本は探査に秀でているという話でしたね。開発面でライバルはどこですか？

リマ　アイスランド、イタリア、ニュージーランドといったところです。いずれも自国で地熱発電に取り組んでいる国です。アメリカもそうですね。アメリカの場合、石油掘削の技術を地熱発電の開発に援用しています。

地熱発電の支援でCO_2排出権を安価に獲得

池上　日本が東アフリカを支援するメリットにはほかにどんな点が？

リマ　地熱発電設備でも日本のノウハウは優れています。日本のメーカーが強い分野なのです。私が地熱発電の存在を知ったのは、学生時代に東芝で研修を受けていた頃です。大きなタービンを見て「これは何ですか」と聞いたら「地熱発電に使うものだ」と教えられて、そこで地熱発電に興味を持ちました。もちろん、他国の技術も進化していますから、日本が一層アフリカの地熱発電開発に貢献するには、日本の技術力をもっともっと東アフリカの国々にアピールする必要があるでしょうね。

池上　地熱発電の特徴をもう少し教えてください。

リマ　地熱発電は発電量あたりのCO_2排出量が少ないため、地熱発電の普及はCO_2排出量の削減に繋がります。地球温暖化へエネルギー消費の面から対応する、という意味でも地熱発電は優等生なのです。

池上　温暖化対策にもなるのですね。日本は２０１１年3月11日の東日本大震災以降、発電を火力に頼ることでCO_2を多く排出しています。アフリカをはじめ途上国の電力需要を満たすのは火力発電が中心ですから、どうしてもCO_2の排出量は増えてしまう。地熱発電の普及は、CO_2排出量の抑制という意味でも、大きな力を持つわけですね。

リマ　東アフリカで地熱発電が普及すれば、日本にも世界にも有益なことがたくさんあります。先進国の支援でケニアを中心とした東アフリカの国々の電力需要が満たされると、経済成長が加速します。人々の生活も豊かになります。生活が豊かになれば日本製品を今以上に買ってくれます。地熱発電開発に支援を続けることで、アフリカの人たちが、日本に親しみを持つということにもつながります。

02

キリンと一緒に未来を！ケニア・オルカリア地熱発電所をつくった日本の技術

ケニアの電力普及率はいまだに20％台です。ケニアの国民の皆さんが、電力を当たり前のように使えるような電力インフラの充実が、社会の豊かさと経済発展の必要条件であるのは言うまでもありません。

ケニア政府は、「ビジョン２０３０」を掲げ、２０３０年までに途上国から中開発国に発展するための目標を打ち立てました。そこで大きく掲げられているのが、地熱発電の大規模開発による電力の普及です。

ケニアにおける電力供給のカギを握るのが、世界最大の地面の裂け目、「大地溝帯」に位置するオルカリアの地熱発電開発です。

オルカリアの地熱が注目されたのはケニアがイギリスから独立する直前、１９５０年代のことでした。先進国からの援助を受け１９７０年代より徐々に地熱発電が開発され、いまでは全部で３つの地熱発電所が稼動。日本などからの資金協力を受け、２０１４年までには新たに２つが完成する予定です。

ケニアの発電の55％は水力で賄われており、水不足時には発電能力が著しく下がります。一方で電力需要は年率５％の勢いで上昇しています。そこで、このオルカリアの地熱発電所を増強。地熱発電の割合を現在の12％から２０３０年には30％まで上げようと計画しています。

そんなケニアの地熱発電開発を支えているのが日本の技術です。国立公園の真ん中に位置し、野生のキリンやシマウマが闊歩する、大自然の中のオルカリア地熱発電所。稼動しているのは日本製の発電機器です。

では、現地を歩いてみましょう。

日本の国際協力でケニア中に電灯がともる日が来る――

ケニアの首都ナイロビから北西に１００㎞。片道１車線のまっすぐな道路を延々走り続け、山道をぐんぐんのぼっていくと、突然、左手に延々とつらなる崖が。落差１００ｍはある崖の下には広大な風景が広がっています。

サバンナ。点在するジャングル。カモシカの群れ。遥か向こうには緑なす台地。大地溝帯＝グレート・リフト・バレーです。人類の先祖はこの大地溝帯のどこかで進化したとも言われています。１０００万年ほど前に、ここで地球上のプレートが２つに分かれ始め、遠い未来、ここでアフリカはふたつの大陸に二分されると予測されています。

大地が割けている、ということは、大地溝帯は地球内部に近い場所でもあります。つまり火山が居並ぶ場所であり、あちこちで地熱が吹き出す場所。つまり地熱発電にはうってつけの場所なのです。

さらに車を走らせます。緩やかな山道。シマウマの群れが歩いています。イノシシの親子。キリンが樹上の葉を食べています。まさにアフリカの大自然。ヘルズゲート国立公園です。林の間に銀色のパイプがはりめぐらされています。地熱で温められた蒸気を発電機に運ぶパイプ。オルカリア地熱発電所は、国立公園の中にあるのでした。

オルカリア地熱発電所を運営するのは、ケニア電力公社（KenGen）です。KenGenのオルカリア地熱開発責任者ムチェミさんに、お話をうかがいましょう。

日本の技術が結集したオルカリア発電所

池上　オルカリア地熱発電所の概要を教えてください。

ムチェミ　オルカリア地熱発電所は、ヘルズゲート国立公園の中にあり、全部で４つの発電所が開発されています。１９８１年から稼動している「オルカリアⅠ」。２０００年から稼動している「オルカリアⅡ」。２００３年から稼動している「オルカリアⅢ」。そして現在開発中で２０１４年に稼動予定の「オルカリアⅣ」です。さらにそれぞれの発電所には、数機の発電設備が配置されています。

池上　現在、どのくらいの発電力があるのですか？

オルカリア地熱発電所の周囲にはシマウマがたくさん生息。

ムチェミ　オルカリアⅠが45メガワット、オルカリアⅡが１０５メガワット、オルカリアⅢが50メガワット。以上２００メガワットが現在の発電総量です。こちらに２０１４年中に稼動予定のオルカリアⅣの１４０メガワット、そして今回取材いただく日本の国際協力で新たに建設中のオルカリアⅠ内の4号機5号機が１４０メガワット。つまり２８０メガワットが新たに増強されます。２０１３年中には、総計４８０メガワットの発電が可能になる予定です。

池上　ケニアの発電総量からするとどのくらいの比率を占めているのですか？

ムチェミ　ケニア全体の発電総量は約１５００メガワット程度です。そのうち水力が60％、火力が18％で、地熱は13・5％です。２０１４年中に25％が地熱発電になるはずです。

池上　オルカリアの地熱発電の歴史を教えてください。

ムチェミ　歴史は古いのです。ケニアがイギリスから独立する以前の１９５６年に地質調査が行われ、オルカリアの地熱の存在が確認されていました。ケニアの独立後、国連の力を借りて70年代に本格的な調査を行い、世界銀行と欧州開発銀行の援助で１９８１年に第1号の発電所ができました。それが「オルカリアⅠ」です。その後、開発のネックとなっていた資金を世銀や欧州開発銀行などが提供、地熱開発の機運が一気に進んだのは、２０１０年。日本からはＪＩＣＡが参加し、オルカリアⅠの4号5号機建設と開発を進められることとなった、というわけです。

池上　ケニア政府の目標は？

ケニア・オルカリアの地熱発電所。大自然の中にパイプラインがはりめぐらされる。

ムチェミ　ケニア政府は２０３０年までに途上国から中開発国へと発展しようと「ビジョン２０３０」という目標を掲げています。地熱発電のさらなる開発はその中でも目玉プロジェクトです。オルカリアのみならず、大地溝帯沿いには20カ所以上の有力な地熱発電候補地があります。これらを開発し、地熱発電だけで５０００メガワット規模に育てていこうというのが目標です。

池上　５０００メガワット！　２０１４年末までの地熱発電の総量が４８０メガワットですから今より10倍以上の規模に育てる計画ですね。現在のケニアの発電総量が１９００メガワットですから、地熱発電だけ２０１３年のケニアの発電総量を２・６倍も上回る規模になります。

ムチェミ　ケニアの電力普及率はまだ20％台です。発電所はいくらあっても十分ということはありません。全ての家庭に電力が行き渡ること。ケニアの近代化に発電所の増強は絶対に欠かせないのです。地熱だけでなく、水力や火力も含めた発電総量を９０００メガワットにする。２０３０年までに私たちが達成すべき目標です。

池上　ケニアの地熱発電開発において、日本の国際協力の位置づけは？

ムチェミ　国際協力というかたちで、ＪＩＣＡが参加したのは１９９９年から。ＪＩＣＡ単体による大型の国際協力が始まったのは、２０１０年に締結したオルカリアⅠの４号機５号機の開発からです。こちらには２９５・１億円の円借款をつけていただき、２０１２年には起工式が行われ、２０１４年中の完成を目指して、現在建設中です。

池上　日本企業は地熱発電開発にどう関与しているのでしょうか？

オルカリア発電所。大地から噴き出す地熱エネルギーをムチェミさんと見学する。ものすごい轟音が鳴りひびきます。

ムチェミ　日本企業抜きに、オルカリアの地熱発電の開発は語れません。１９８０年代にスタートしたオルカリアⅠ、そしてオルカリアⅡの地熱発電開発ですが、発電タービンに日本の三菱重工製の機械が使われています。世界の地熱発電施設は日本製が独壇場で、三菱重工、東芝、富士電機の3社で世界シェアの7割を占めているのです。今回のオルカリアⅠの4号機5号機の開発、そして新しい発電所になるオルカリアⅣについては、東芝製の機器を使用する豊田通商と韓国の現代建設チームが落札しました。

池上　国際混成部隊なんですね。地熱発電の開発で難しいことはありますか？

ムチェミ　採掘コストが大きいことです。新しい地熱発電の井戸を掘るのには日本円にして3億円から5億円ほどかかります。また建造コストに上乗せされる人件費もバカになりません。ケニアは人件費が高いのです。海外からの国際協力や企業の投資がまだまだ必要な状況です。資金や技術の支援を仰いで、より多くの地熱発電プロジェクトを進め、一刻

オルカリアⅡの発電タービンは日本の三菱重工製です

も早くケニアの電力事情を改善したいと思っています。今後、オルカリアのみならず、ケニア各地で地熱発電の開発が加速します。圧倒的な技術力を有する日本企業の皆さんに、さらなる参加をお願いしたいですね。

キリンと一緒に未来を創る
オルカリア地熱発電所を写真で見よう

オルカリアでは、さらに次の地熱発電所を建設中でした。

＊1　大地からもうもうと水蒸気が立ち上がっています。ものすごい勢いです。地熱で温められた水蒸気を取り出して、水と蒸気に分けます。水は再び地下に戻し、蒸気をパイプラインで発電タービンにまで送り、そこで発電をするという仕組みです。

オルカリアⅣはただ今建設中。

＊2　パイプラインで運ばれた蒸気は、発電タービンに運ばれます。こちらが管制室で、基本的には１人で管理しているとのことです。

＊3　発電タービンをご覧下さい。こちらは三菱重工製ですね。インタビューにもありましたが、地熱発電用のプラント機器は圧倒的に日本企業のシェアが大きいのです。

＊4　オルカリアⅡの一部ですね。地熱開発中の国立公園の敷地内のあちこちからは蒸気が吹き出ています。

＊5　次にオルカリアⅣの開発予定地に行ってみましょう。豊田通商が仕切りながら、現代建設の建設技術と東芝の発電技術とが結集し、地熱発電の新しいプラントが２０１４年までに完成予定です。

＊6　至るところにはりめぐらされたパイプラインが眼を引きます。ここで森の中に入ってみましょう。ご覧下さい。このパイプラインを。コの字型に６ｍほどの高さに折り曲げられて、まるでアーチのようなかたちをしています。なぜ、こんな形を?答えは、キリンを通すためです。オルカリア地熱発電所は、ヘルズゲート国立公園の真ん中に位置しています。敷地内には野生動物がたくさん生息しています。地熱発電所と野生動物とが共存できるように、たとえばこんな工夫をこらしているのですね。

アイスランドの地熱発電を取材したことがあります。火山島アイスランドでは地熱発

＊1　この蒸気が電気の素

＊2　いつもは1人で管理

＊3　日本製の発電装置

電で全発電の9割をまかない、地熱で温められた温水が島中に張り巡らされ、島の人々は二酸化炭素を全く排出しない「地球に優しい」エネルギーのおかげで、電力にもお湯にも不自由しない生活を営んでいました。地熱はある意味で究極のエネルギーだ、と思ったものです。ケニアのオルカリアを訪れて、その地熱発電の規模にびっくりしながら、アイスランドを連想しました。

　ケニアは、エネルギー小国でした。石油や石炭、天然ガスが自国内からほとんど産出しないため、エネルギー源に事欠いていたのです。比較的経済発展しているのにもかかわらず、電力普及率が20％台にとどまっているのも、エネルギー資源を輸入に頼らざるを得ない国情があったからでした。地熱発電は、そんなケニアの電力事情を大幅に改善する力を有しています。安定的で、潜在能力を秘めていて、かつ二酸化炭素を排出しない、環境に優しいエネルギー。ケニアの経済発展、社会発展は、今後の地熱発電の開発と活用とが大きなカギを握っているわけですね。

　ケニアでは、オルカリア以外にも地熱発電事業がスタートしています。オルカリア近くの湖の湖畔にあるフラワーファーム。そのひとつであるオセリアンでは、地熱を利用して電力を供給し、温水パイプで温度管理を行うことで、品質の高い花の大量生産に成功しています。ケニアでは花の栽培が盛んで、切り花の輸出量は世界一。そんなケニアにとって、地熱利用で花の栽培能力が高まるのは願ってもないことです。

　ケニアの地熱発電の開発は、国を超えた事業になりつつあります。ＪＩＣＡケニア事務所の話によると、ケニアはすでに、地熱開発技術を共有するために隣国からの研修員

＊4 広大な発電プラント

＊5 新しい発電所も建設

＊6 キリンがくぐれます

を受け入れています。また、エチオピア、タンザニア、ウガンダ、そしてケニアの4カ国でお互いに必要な電力を融通し合う、東アフリカ電力パワープール構想が控えています。国をまたいだ送電線網を配備し、複数国で一気に電力普及率を上げて、ともに経済発展を目指そうというものです。

オルカリアで発電された電力の多くは首都ナイロビへ送電されますが、発電プラントが増設されて、ナイロビの電力を十分賄えるようになったら、隣国にケニアの電力を送る計画があります。オルカリアから西のレソス、そしてウガンダのトロロまで。その国際送電線の一部を、ＪＩＣＡを通じた日本の円借款による国際協力が支援します。

アイスランドとの技術協力も始まっています。アイスランドはケニアを技術輸出先の有力候補と見なしており、ケニアの技術者の受け入れを積極的に行っています。

となると日本も負けてはいられませんね。日本からはＪＩＣＡが中心となり、ケニアの地熱開発公社（ＧＤＣ：Geothermal Development Company）に日本の地熱開発技術を伝え、他国の技術協力にありがちな座学で終わらない、きめ細やかな実地技術指導を進めようとしています。

オルカリアとは、ケニアの地元の言葉で「赤い土」という意味です。かつてマサイ族が化粧に使っていたそうです。ケニアの赤い土の隙間から吹き出す地熱が、キリンが闊歩する大自然の中で、電力を生み、そして明日のケニアの成長の糧となる――。５年後、10年後、そして２０３０年のケニアをぜひ再び訪れてみたいものです。

オルカリア地熱発電所の変電所。首都ナイロビに電気を送ります。

ケニア電力公社（KenGen）はケニアと日本の連合チームが支えています

IKEGAMI'S SUMMARY

イケガミの  まとめ!

日本企業が大活躍のケニア・オルカリアの地熱発電が
アフリカの電力開発のお手本となる

地熱発電は、無尽蔵で安定的でクリーン!
究極のエネルギー資源。

大地溝帯の各地で地熱発電の開発が進めば、
アフリカの電力供給は一気に進む。

ケニアでは2030年までに現在の10倍の電力を
地熱発電の開発で供給し、中開発国の仲間入りを目指す。

ウガンダで「手洗い運動」を学校や医療機関と進めるサラヤの更家悠介社長（右端）

CHAPTER 5
日本が解く！ アフリカの課題
その4 商売の前に「市場の創造」

イケガミの  マエセツ!

アフリカの人たちは日本製品が大好き?
欧米や中国に追いつくには、
圧倒的な「技術」と「親切」がカギ

アフリカ消費市場における日本企業の現実

アフリカで活躍中の日本企業は、

資源開発やインフラ開発を行う商社やゼネコン、重電などの BtoB 企業。

消費市場では、地の利のある欧米企業、価格競争力のある中国や韓国の企業に

先を越されていた。

アフリカ消費市場における日本企業の課題

日本企業ならではの技術力の高さと、BOP 向け商品開発や社会貢献など、

きめの細かい「親切」を売りにできるかどうか。

アフリカ消費市場における日本企業の解決策

いきなり商品を売るのではなく、まず社会貢献から！

サラヤは、ウガンダで CSR 活動「100 万人の手洗いプロジェクト」を展開、

石鹸と消毒剤の市場創造を。

トヨタグループは、ケニアで認定中古車制度と月賦販売の会社を展開。

新車が買えない庶民に認定中古車と月払いの制度を提供、ブランディングを。

道路・港湾等の物流インフラの整備、農業技術の移転、そして地熱発電の開発……。アフリカの経済成長のカギを握る3分野で、日本企業や日本の国際協力が重要な役割を果たしていることを、これまで報告してきました。

では、アフリカの一般消費市場における、日本企業の進出ぶりはどうでしょうか？

残念ながら、インフラ整備などのB to B分野で、総合商社やゼネコンや総合電機が活躍しているのとは異なり、アフリカの消費市場で日本企業が圧倒的な存在感を示しているとはいえそうにありません。

日本の消費財企業にとって、アフリカはあまりに遠かった、という側面があるでしょう。欧米企業に比べて進出が遅れてしまった感は否めません。

消費市場の規模は、人口動態に比例します。10億人規模の人が住み、20代人口が多く、これからの世界の人口増加の多くを担うアフリカは巨大消費市場に進化していきます。この市場の攻略はあらゆる消費財企業にとって非常に大きな課題でしょう。

すでにアジア勢では中国や韓国がアフリカの消費市場に攻勢をかけています。日本企業もうかうかしてはいられません。

石鹸、洗剤、アルコール消毒剤製造で有名なサラヤでは、アフリカ・ウガンダで「１００万人手洗いプロジェクト」というＣＳＲ活動を行いながら、現地生産体制を固めて、アフリカの市場に進出しようとしています。

ケニアの自動車組立工場では、トヨタ、三菱ふそうなどの自動車をまとめて組み立てて製品に仕上げています。

これから有望なアフリカの消費市場で、日本企業がどのように市場を創造していくのか？　進出中の日本企業とアフリカ現地を取材しました。

01

「手洗いで消毒」の習慣が、アフリカの母子を救う！

ウガンダに進出したサラヤ更家悠介社長に訊く

アフリカは、最後のビジネスチャンスが眠っている大陸だ、と言われます。一方、多くの日本人にとって、アフリカは「遠い大陸」でした。

そんな中、いま先進的な日本企業が、アフリカで新しい活動を始めました。

その１社がサラヤ。石鹸・洗剤、アルコール手指消毒剤などで有名な同社は、２０１０年からアフリカ・ウガンダでユニセフが展開する石鹸を使った正しい手洗い促進活動を支援する「ＳＡＲＡＹＡ　１００万人の手洗いプロジェクト」というＣＳＲ活動を継続しています。

ＣＳＲ活動に留まらず、２０１１年には現地法人Saraya East Africaを設立、医療現場の感染予防に大きな改善効果を発揮するアルコール手指消毒剤の現地普及ビジネスを開始しました。

手洗い普及と聞くと、１９５０年代から60年代にかけて、私自身が小学生時代に学校で「手を洗うこと」「ハンカチを持ち歩くこと」を教わったことを思い出し、懐かしくな

サラヤは、ウガンダの病院で学校で手洗い運動を進め、公衆衛生の改善を目指す。

ります。

実は、日本での「手洗い普及」のかつて推進役になったのが他ならぬサラヤでした。

「手洗い」は、もっとも手軽にできる、しかもとても重要な、公衆衛生の改善を促す習慣です。食中毒や乳幼児の死亡などを予防するのに、とっても役に立つのです。

日本の公衆衛生の水準を大きく改善した「手洗い普及」を、いま、ウガンダで。アフリカで。

一企業の取り組みが、アフリカの公衆衛生を改善するかもしれない――。ＣＳＲとビジネスの両輪でアフリカの大地を走るサラヤの戦略について、更家悠介社長に訊きました。

池上　サラヤは今、アフリカのウガンダで、「手洗い」という習慣を広め、根付かせる活動を始めています。ヤシノミ洗剤などの商品でよく知られていますが、改めてサラヤという会社について教えていただけますか。

サラヤの更家悠介社長

更家　悠介（さらや　ゆうすけ）
サラヤ株式会社代表取締役社長
1951年生まれ。大阪大学工学部卒。カリフォルニア大学バークレー校工学部衛生工学科修士課程修了後、76年サラヤ入社。98年代表取締役社長に就任、現在に至る。

更家　サラヤが創業したのは1952年。戦争が終わって7年目のことでした。当時日本では赤痢が流行していました。赤痢は大変重篤な病気で、多い年には年間11万人が感染したとも聞いています。

池上　私は今63歳ですが、小学校へ入る前だったでしょうか、4～5歳の時に、近所で赤痢が発生したのを覚えています。東京の吉祥寺に住んでいたのですが、保健所から来た白い服姿の人たちが街頭で消毒作業をしていた光景が今も脳裏に焼き付いていますね。

日本を清潔に。薬用石鹸液「シャボネット」と「手洗い普及」運動のはじまり

更家　私も池上さんと同い年の62歳なので、同じような光景を目の当たりにしています。赤痢の発生は日本でも珍しいことではなかったですね。

池上　なぜ、あのころ、日本では赤痢が流行したのでしょうか？

更家　原因ははっきりしています。終戦直後の日本の衛生状態がとても悪かったからです。たとえば、当時はまだ畑で肥料に下肥を使っていました。しかも育った野菜をあまり洗わずに食べていた。下水も発達していませんでしたから、トイレはほとんどが汲取式です。溜まった尿便から発生した細菌が地下水に入り込み、飲み水として使っていた井戸水を汚染していたり、ということも珍しくなかったのです。

池上　たしかに１９６０年代に入るまで日本の衛生状況はそんなものでしたね。

更家　そこで、赤痢の蔓延や食中毒の予防策として浮上したのが、石鹸による手洗いだったのです。細菌の主な感染経路は、汚い手でつかんだものをそのまま食べて口から体内に入ったり、不衛生な食べ物を洗わずに食べたりすることでやはり口から体内に入りする、というものでした。そのため、食事の前に手洗いを入念にするのが、最も簡単で最も効果的な予防法になるわけです。

池上　そこで手洗いと石鹸ですね。

更家　１９５０年代初頭の日本の衛生状況はどこでも同じようなものでした。日本国中で簡単に手洗いによる殺菌消毒が可能な石鹸が求められていたのです。サラヤはもともと林業を営む家系だったのですが、応用化学を学んだ経験がある私の父が自ら石鹸を開発し、殺菌消毒用の薬剤を加え、使いやすいよう液状にし、固定式の専用容器と共に発売しました。それが、サラヤの原点とも言える緑色の薬用石鹸液「シャボネット」です。

池上　当時、紙石鹸というのもありましたね。若い人はご存じないと思いますが、見た目は色が付いている紙で、水に浸けると泡立つ。紙石鹸に妙に憧れていたときがありました。

更家　懐かしいですね。

池上　当時の小学校では「外から帰ってきたら手を洗いましょう」と号令をかけ、習慣となるよう徹底的に児童たちに教え込んでいました。それまでは「手洗い」は習慣ではなかったんでしょうか？

更家　ええ。１９５０年代までの日本ではまだ石鹸も手に入りにくい存在でした。シャボネットも普及しきっていません。「手洗い」習慣は戦後、学校を中心に急速に普及したのです。ちなみに、いまウガンダで行っている「手洗い」の効果を調べると、食中毒や感染症の予防にものすごく役に立つことがデータでも明らかになっています。当時の日本の感染予防にも石鹸による手洗いは著しく効果を上げた、といえるでしょう。

「商売」より先に「手洗いＣＳＲ」をウガンダで始めたわけ

池上　戦後の石鹸と手洗い習慣の普及が日本の公衆衛生の礎になったという話は、新鮮でした。私たちが子どものころ学校で教わった石鹸による正しい「手洗い」の普及成果を、50年後60年後のアフリカで今、実践しようというわけですね。

更家　そうなんです。石鹸の普及と手洗い習慣の浸透で、日本の公衆衛生は大きく改善されました。この習慣は低コストで大きな効果を上げることができます。アフリカでは未だに多くの乳幼児や子どもたちが食中毒や感染症で亡くなっています。出産時のリスクも高い。いずれの悲劇も石鹸による手洗いが習慣づけられることで減らすことが可能です。ぜひ、アフリカでも石鹸による手洗いを根付かせたい。そう思っています。

池上　アフリカでは、ウガンダに進出されたそうですね。

更家　２０１１年5月、ウガンダにSaraya East Africaを設立しました。この会社で取り組むのは一般庶民を対象にしたＢＯＰビジネス。ウガンダの医療現場の感染予防に貢献にするアルコール手指消毒剤の現地製造を目標にしています。

池上　具体的にはどうビジネスを展開しているんですか？

更家　実はＣＳＲ活動の開始が、会社設立より1年早いんです。２０１０年、「SARAYA１００万人の手洗いプロジェクト」というユニセフ支援を始めました。

池上　プロジェクトを始めるきっかけは何だったのですか。

更家　２０１２年、サラヤは創業60年を迎えました。記念事業として何か社会に役立つことはできないだろうかと思ったのがきっかけです。まずユニセフに相談をしました。

池上　ユニセフ＝国際児童基金は、途上国や戦争被害国などの児童をさまざまなかたちで救うのが仕事ですね。なぜ、ユニセフに相談したんですか？

更家　サラヤが日本の子どもたちの手洗いと共に戦後成長した会社だからです。ユニセフも戦後の日本の児童向けに医薬品や脱脂粉乳などを配給していましたし。私たちが今サラヤの仕事をしていて一番うれしいのが、「子どものころに、学校でサラヤの緑色の液体石鹸で手洗いをしていましたよ」とお客さまにおっしゃっていただけることなんです。そう考えると、自分たちの原点はやはり子どもたちに手を洗ってもらうことであり、手洗いによって子どもたちが健やかに成長できるようにお手伝いできることなんだ、と思い至ったんです。

池上　私が今も左のポケットにハンカチ、右のポケットにちり紙を入れているのは、子

どもの頃の「手洗い」教育のお陰です（笑）

更家　ならば今度は世界で子どもたちが衛生問題で苦労している地域をユニセフからご紹介いただいて、「手洗い」のＣＳＲ活動を展開しようと考えたんです。私どもは「石鹸による正しい手洗い」が普及することが、世界中の子どもたちを病気から守ると信じています。だから、日本の手洗い習慣を世界中に広めようというミッションをもっています。その話をユニセフにお話したら、ぜひウガンダで！ということになりました。

池上　具体的にはどんな手順で活動を展開しているんですか？

更家　２０１０年のスタート時は、サラヤの衛生用品の売上高の１％をウガンダのユニセフが展開する「手洗い普及運動」に寄付する、金を出すだけのＣＳＲでした。ところが、社内の若手から不満が出たんですね。「お金を出しているだけじゃ、面白くない！」と。

池上　それは興味深い。自分たちが汗をかこう、というわけですか。

更家　もともとサラヤにはＣＳＲに関してちょっとした歴史があるんです。私たちは、かつて環境破壊を行っている、と海外で指弾されたことがあるのです。

自然派のサラヤのヤシノミ洗剤がボルネオのジャングルを破壊？

池上　え、どちらで、ですか？

更家　東南アジアのマレーシア・ボルネオ島です。サラヤの看板商品のひとつにヤシノミ洗剤があります。１９７０年代から発売している「自然派のサラヤ」の代表的な洗剤で、ヤシの実からとれるパーム油パーム核油が原料です。この原料がとれるアブラヤシのプランテーションが、ボルネオ島の熱帯雨林を伐採したものだと環境団体から指摘されたのです。

池上　東南アジアや南米の熱帯雨林が、さまざまなプランテーションの開発によりその面積を減らしている、というのは今ではよく知られている事実ですね。

更家　その通りです。しかし、恥ずかしながら、指摘されたとき私たちはその認識がありませんでした。地球にやさしいヤシノミ洗剤を製造していることに誇りを持っていました。それだけに、すぐに対応しなければ自然派のつもりが環境破壊企業となってしまいかねない、ということで、私たちは対応策を考えました。調べてわかったのは、私たちが仮にボルネオ島のパーム油・パーム核油の使用をやめたからといって、同地の熱帯雨林と生物多様性が救われるわけではない、ということでした。

池上　１社だけが利用を止めるだけでは焼け石に水だと。

更家　そうなんです。ボルネオ島の半分を有するマレーシアのパーム油生産量は世界２位です。ちなみに第１位はボルネオ島のもう半分を有するインドネシアです。パーム油は、洗剤以上に広く食品業界で使われています。市販の菓子のパッケージをご覧いただければわかると思いますが、大半の製品ではパーム油が使われています。結果、１９７０年代にボルネオ島の86％を占めていた熱帯雨林の面積は60％まで減ってしまいました。手つかずの原生林は5～10％しかない、といわれています。

池上　なるほど、パーム油を使うな、というのはいきなり石油を使うな、というのと同じくらい現実的には難しい話ですね。けれども、このままでは熱帯雨林の破壊に伴う生物多様性の喪失は避けられない……。どうされたんですか？

更家　そこで発想を転換しました。熱帯雨林を伐採してできたプランテーションで栽培されたパーム油を私たちは利用して儲けている。ならば、この土地に儲けを還元して、熱帯雨林に住んでいたゾウやサイ、オランウータンがちゃんと暮らせるような工夫のお手伝いをしたり、熱帯雨林の復元を行って緑の回廊をつくったり、動物たちがプランテーション内を動けるように吊り橋を通したり、といったＣＳＲ活動を２００５年より展開し始めました。現在も継続しています。また同時にビジネス視点から「持続可能なパーム油（ＲＳＰＯ）」の認証制度にも積極的に取り組んできました。

池上　ボルネオの経験が、サラヤが現代流ＣＳＲに力を入れる大きな契機となったんですね。

更家　そうです。だからこそウガンダでの手洗い運動についても、社内の若手から「お金を出しているだけでは面白くない、もっと主体的に活動しよう」という声が上がったわけです。実際ウガンダに行ってみてわかったことは、分娩する保健所や病院などの医療機関に、先進国では当たり前のアルコール手指消毒剤が見当たりません。院内感染も日常茶飯事です。妊産婦、乳幼児や5歳未満の子どもの死亡率が著しく高い。一方で、ウガンダの人々は大変な酒豪で、ビールはもちろん、ジンのような蒸留酒も愛飲されてい

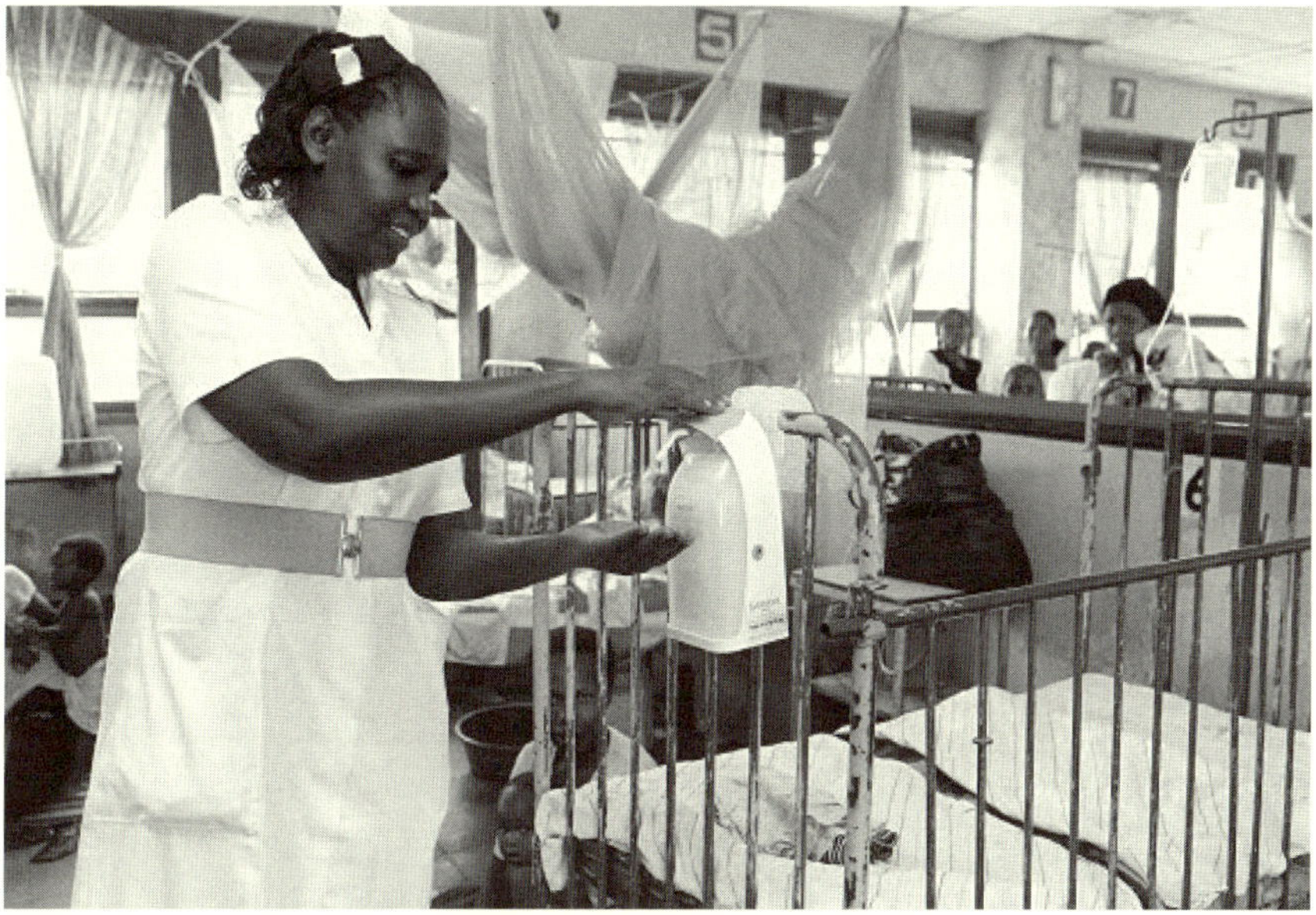

ウガンダの病院では、院内感染を防ぐために消毒液による手洗い運動を看護師自らが進めている

ました。

池上　ウガンダ国内のアルコールで消毒剤がつくれるのでは、と。

更家　そうなんです。ウガンダではサトウキビがたくさん栽培されています。つまり、サトウキビからつくったアルコールを原料に、アルコール手指消毒剤が生産できるんです。じゃあ、ビジネスも一緒に始めてしまおう、と決断するに至りました。

池上　なんと！　先に「手洗い普及」運動のＣＳＲがあって、原材料が調達できることがわかったので、ビジネスもやろう、という順番だったとは。普通のビジネスとは逆ですね。ビジネスが軌道に乗ったから、地域貢献をする、というのと。

更家　ええ（笑）。先にＣＳＲで後からビジネスという順番も当社らしいじゃないか、と思い、２０１１年にビジネスの拠点もウガンダに置くことにしたのです。

日本流「手洗い運動」がアフリカの子どもの命を救う

池上　「手洗い」の普及活動は、具体的にどんなところで行うのですか？

更家　まず学校ですね。日本と同じです。戦後の日本では液体石鹸用の専用容器を水道の脇に設置して、使い方、手の洗い方、手洗いが何のために必要なのかを、先生と生徒、そしてご家族に伝えました。今のウガンダでは、枝と紐とプラスチックタンクで簡易な手洗い設備Tippy Tapを設置します。固形石鹸を紐に括り付け、井戸水をプラスチックタンクに汲みためて置きます。

池上　手洗い設備の設置から始めるんですね。

更家　そうです。何もない状態からのスタートです。すでに現地には、ハンド・ウォッシング・アンバサダーというTippy Tapの設置を指導するボランティアの方たちがユニセフの尽力で組織されているので、そのボランティアのみなさんと一緒に活動しています。

池上　それは心強いですね。

更家　学校の次は医療機関です。ＷＨＯ（世界保健機関）でも２００５年から〝Clean Care is Safer Care〟というキャンペーンを全世界で行っていまして、これは「患者の体に触れる前に、手をきれいにアルコール消毒しましょう」とお医者さんや看護師の方たちにメッセージを発信しているんですね。

ウガンダの学校に手洗い設備、Tippy Tap を提供、子供たちに手洗いを指導中です。

池上　ウガンダの場合、医療従事者にも感染予防教育を徹底しないといけない段階だったのですか。

更家　おそらくそうだったんでしょう。ちなみに日本のＪＩＣＡも〝５Ｓ〟という整理・整頓・清掃・清潔・躾、日本流の「衛生運動」を途上国の病院で教育しています。この中にアルコール消毒する動作を取り入れるわけで、ウガンダの病院における「アルコール手指消毒剤」の受容性調査には、ＪＩＣＡから派遣された看護師の方にもお手伝いいただいています。

池上　現地へは行かれましたか。

更家　もちろんです。現場に行かないと何も見えてきませんから。実際にウガンダの学校や医療施設を訪れました。それでわかったんです。うちの若手が「お金を出しているだけでは面白くない」と言った理由が。ウガンダの学校へ行くと、子どもが踊りを踊って歓迎してくれるんですよ。元気な子どもたちで、目がきらきらしていて、生き生きと飛び跳ねている。ユニセフがつくった手洗い設備で手を洗ってくれている。なんだかものすごく愛おしくなりましてね、この子たちのために、なんとかしようじゃないか、と肌身で感じてしまった。ああ、うちの若い連中は、この子たちと会ったんだなあ、と思ったんですよ。

池上　更家さんは、ウガンダで、未来の「お客さん」と直接、出会ったんですね。

更家　ええ。一番新しいお客さんです。小さなお客さんです。そのお客さんたちが、学校のTippy Tapに列をつくって、手を洗っている。にこにこしている。うれしかったなあ。これを見たら、メーカーの社長として、動かないわけにはいきません。

池上　なんだか、我々の子ども時代にタイムスリップしたかのような光景ですね。一方、現地へ行ってみて明らかになる課題もあるのではないですか？

更家　そうです。まず、そもそも手洗い用の水を溜める設備があまりないんです。田舎の学校だと水道は通っていません。だから手汲みの井戸や雨水を利用するしかない。例えば先進国などの援助で寄付された雨水を溜める大きなタンク。ところが毎日使っていると、すぐに故障してしまうんですね。水がちゃんと出なかったり、バルブが開かなくなったり、という具合に。日本でしたら、すぐに修理をすればすむのですが、ウガンダですと修理用の部品がすぐに調達できなかったりするわけです。

池上　機材を導入したのはいいけれど、メンテナンスがままならないと、宝の持ち腐れになってしまう可能性がありますね。

命を奪う下痢を予防するには、石鹸を使った正しい手洗いを！

更家 それからトイレの問題も大きいと思います。ウガンダの田舎にいくと、そもそもトイレで用を足す、という習慣があまり根付いていない。家にトイレがなかったりするんですね。老若男女にかかわらず、外に出て、姿がちょっと隠れるような野原にしゃがんで用便を済ます人が多い。もちろん手洗いの設備もありません。お母さんが用を足した手を洗わずに料理をして、子どもたちに食べさせたりする。衛生上きわめて大きな問題です。

池上 トイレの習慣と、手洗いの習慣、同時に普及しないといけませんね。

更家 ウガンダでは乳幼児と5歳未満の子どもの亡率がまだまだ高いんです。死因はマラリアやエイズもありますが、実は下痢による死亡がとても多い。食中毒や不衛生な手で食べ物を口に運んだりした結果、ともいえます。

池上 その話は私も聞いたことがあります。アフリカでは下痢が小さな子どもたちの命を奪う可能性が高い。このため下痢をしたときに、水分と栄養分を同時に補給できるパックを普及させようというキャンペーンを行っている人たちもいます。ただ、その前に、下痢そのものの発生を防ぐことが、第一ですね。

更家 そう思います。そのためには日常を衛生的な環境に変える。そして手洗いの励行で、口から細菌が入る可能性を徹底的に減らす。これでずいぶん改善できるはずです。

池上　60年前の日本で薬用石鹸液をつくり、学校の「手洗い運動」を支えた経験が、21世紀のウガンダで役に立つ。しかも最初からCSRとビジネスの両輪で活動を展開する。アフリカにこれから進出する日本企業にとって、とてもよいお手本となりそうですね。

――ちょっと素朴な質問をしていいですか？

更家　どうぞ。

池上　アフリカ54ヵ国ある中で、どうして、ウガンダ、だったのですか？

更家　手洗い運動を展開するにあたって、ユニセフの方に相談したところ、「まずはウガンダがお勧めです」と言われたからです。「なぜですか」と聞いたら、「ウガンダはアフリカの中では治安も気候も良いからです」とのことでした。つまり、我々のようなアフリカ初心者に向いているという判断があったのだと思います。

池上　納得です。

更家　ウガンダは、私も現地を訪れるまで知らなかったんですが、まず赤道直下のアフリカの国、というイメージに反して、とっても快適な気候ですよね。

池上　私も２００９年にウガンダを取材しましたが、夏の軽井沢のような気候ですね。からりとして風が涼しくて。避暑地のような感じでした。ウガンダの気候の良さは、次のエピソードからもわかります。第2次世界大戦後の一時期、ユダヤ人の間に自分たちの国をウガンダにつくろうという動きがあったんです。

更家　知りませんでした。

池上　そもそもウガンダはイギリスの植民地でした。イギリス軍に入ってウガンダに駐留していたユダヤ人たちの間で「ウガンダの気候は最高だ。こんなにいい場所はない」と評判になったそうです。その後、ユダヤの国を建国する機運がユダヤ人社会で盛り上がったときに、ウガンダが候補地としてあがったそうです。最終的にはユダヤ人の聖地エルサレムがあるパレスチナに決まり、いまのイスラエルができたわけですが。

更家　もしウガンダの一部がユダヤの国になっていたら、世の中はずいぶんと変わっていたでしょうね。中東情勢は激変していたでしょうし、もしかすると東アフリカの開発はもっと早かったかもしれませんね。

池上　歴史に「ｉｆ」は禁物ですが、それくらいウガンダはヨーロッパに住んでいる人たちにとっても魅力的な土地、ということなんでしょう。

現地法人の日本人は「日本に帰りたくない」と言っています

更家　ウガンダの現地法人の代表を務めているのは、実は青年海外協力隊のＯＢなんです。協力隊時代からウガンダで活動し、その土地柄に惚れて、隊員任期を終えて日本に帰国したものの、ウガンダに戻りたいという思いが募り、恋人と急いで結婚して夫婦揃ってウガンダに渡り、マイクロファイナンスのＮＧＯを設立しました、当社がウガンダに拠点を設けることになったとき、ＪＩＣＡ関係者から彼を紹介いただき、Saraya

East Africa の構想に共感してくれて、当社の社員となったわけなんです。

池上　筋金入りの方がいらして頼もしいですね。今現地法人の規模はどのくらいですか？

更家　総勢5人です。スカイプを使ってパソコン経由でテレビ会議をしています。今はこうしたＩＴサービスがタダ同然で使えるのが本当にありがたいですね。

池上　２００９年にウガンダを訪れたときには、携帯電話も一般に普及していました。

更家　地方でも携帯電話の普及率は9割近いそうです。田舎では太陽光発電を使った充電器を持っている人がいて、その人が道ばたに店を構えて、バッテリー切れになった人の携帯電話を日本円にして3円とか5円とかで充電してくれるサービスを展開していたりする。もっとも携帯電話は例外で、都市部と地方の格差が大きいですね。地方では、いまでも茅葺きの丸い土壁の家に15人ほどで暮らしている。一方、首都のカンパラのような大都市は高層ビルが建ち始め、昼間はしょっちゅう交通渋滞が起きています。

池上　私もウガンダの首都カンパラで渋滞に巻き込まれました。動かない車中から外を眺めていると、日本語の文字が描かれた中古車が走っているのに気づきました。傑作だったのは、「××幼稚園」とボディに書かれた幼稚園バス。これに身体の大きなウガンダ人たちが、並んで座っていました。

更家　日本の中古車は大人気です。車体に書いてある文字は、消さずに使っています。これは、日本に対する信頼感が非常に厚いことの表れですね。

池上　消えそうになると、彼らの考える日本の文字が上書きされるんですよね。西濃運輸のロゴが描かれたトラック、見たことがあります。西濃運輸、ウガンダに進出？と一瞬勘違いいたしました。

更家　それだけ日本製品への信頼と評価が高いんですよ。実際にはかさ上げして評価していただいている面もありますので、とにかく今のお客様の高評価を裏切ってはならないと思っています。

近い将来、ウガンダのサトウキビでアルコール手指消毒剤を

池上　ビジネスの進捗状況はどんな具合でしょうか？

更家　実際にアルコール手指消毒剤の製造が可能かどうかフィージビリティスタディを行っている真っ最中です。一刻も早く現地のウガンダ人を採用して日本で研修を受けてもらう段階に進みたいと考えております。

池上　今は何が課題ですか？

更家　原料のエタノールは調達できるけれど製造設備がない、ということですね。現地でゼロから工場を作ることは不可能なので、まず日本で機械を組み立て、それをいったん分解して、船で運び、ウガンダの現地で組み立て直して工場を設立する、という手間が必要です。

池上　大変ですね。

ウガンダに配られた消毒液

更家　ゼロベースでのスタートですからしょうがないですね。それから工場を作ったら、今度は生産設備のメンテナンス態勢も整えておかなくてはなりません。さらに、実際に作った製品を販売して代金を回収するところまで仕組みを整える必要があります。また、つくったアルコール手指消毒剤が優先順位の高い医療機関に受容されるかどうかを、ＪＩＣＡのＢＯＰビジネス民間連携プログラムの助成事業に採択いただきました。このご支援は中小企業にとっては大変ありがたいものです。

池上　途上国の場合、利用可能な既存のビジネスの仕組みそのものが存在しない場合があります。かくして、どこの国の企業も、最初に根付かせるのにとても苦労する。

更家　原料調達→製造→卸→小売りまでのビジネスサイクルを作る必要があります。まずは、現地の方々と信頼できる人間関係を構築することが不可欠です。すでに、ＣＳＲ活動でハンド・ウォッシング・アンバサダーの方々と、現地の学校や村などで「手洗い普及」運動を実施しています。この活動をベースに現地でサラヤに対するイメージを構築して、その先にビジネスにつながるネットワークができないかを考えています。

池上　まずはＣＳＲで信頼されること。ビジネスはその先にあるわけですね。

更家　はい。お金儲けを先に求めてもダメです。まずは現地で信頼されること。それが第一です。また、ユニセフやＪＩＣＡと共に活動できる、というのは心理的にも安心できます。アフリカで活動するというのは、私たちも初めての経験です。法制度も、経済の仕組みも、現地の慣習もゼロから学ばなければならない。現地の事情に精通しているプロフェッショナルの方々のアドバイスを受けられるのは、とっても心強いです。

日本の企業が集まれば、日の丸が際立つ日が来る

池上　サラヤの場合、ウガンダでのアルコール手指消毒剤の普及ビジネスではＪＩＣＡとタッグを組んでいます。そのご経験を踏まえてお聞きしたいのですが、今後日本企業がアフリカで活動するにあたって、日本政府やＪＩＣＡのような専門機関に対してどんな要望がありますか？

更家　２０１３年、日本では、横浜で政府外務省主催の第５回アフリカ開発会議（ＴＩＣＡＤ　Ｖ）が開催されました。ＴＩＣＡＤが最初に開催されたのは１９９３年で、東西冷戦の終わりに伴い、欧米のアフリカに対する興味が相対的に薄れてきたときに、日本主導でアフリカの未来を考えるために始まったものです。以来ＴＩＣＡＤは５年に１度、開かれてきました。一方、日本企業は近年のアフリカにおけるインフラ開発や資源開発、それにＢＯＰビジネスの台頭に照準を合わせてアフリカ進出へのスピードを早めています。未だに社会インフラが備わっていない側面が目立つ国が多いため、こうした分野での成長を促すために各種ＮＧＯもアフリカで活躍しています。問題は、国、企業、ＮＧＯの活動がばらばらで連係がとれていないな、という感があります。アフリカでの活動に際して、もっと国と企業とＮＧＯが連動してもいいのではないでしょうか？

池上　企業に対しては、いかがでしょう？

更家　もっともっと多くの企業がウガンダ、そしてアフリカの各地で活動してほしい

と思います。すでにお話ししましたように、サラヤはすでにウガンダでCSR活動をスタートし、また現地法人も立ち上げていますが、ウガンダには、まだ日本企業の姿は目立ちません。主立った企業が10社を超えるとウガンダの大地に日の丸がすっと立ってくると思います。

池上　今日お話をうかがってびっくりしたのが、私も子ども時代にさんざんやらされた「石鹸での手洗い」の習慣が、今のアフリカを救う大きな方策になるということですね。ただ、水が満足にない、トイレも満足にないウガンダの地方では、手を洗うことができたとしても、濡れた手をどこで拭くかでせっかく洗ったのがふたたび汚れてしまう恐れだってあります。

更家　おっしゃる通りですね。みんながきれいなハンカチを持っているとは限りません。そこで有用なのがアルコール手指消毒液です。医療機関ではアルコール手指消毒剤を使うのが世界標準です。すぐに揮発するので、拭く必要がありません。

池上　石鹸で洗った場合はどうされているんでしょう？

更家　たしかにみんなどこで手を拭いているんでしょう？　ウガンダでは、オーガニックコットンも採れますからそれを使って、日本の企業がハンカチやタオルを製造し、ハンカチの普及に努めてくれると、ありがたいですね。一緒に活動できそうです。

日本式清潔生活が、ウガンダの経済発展を支える

池上　日本の清潔文化は、いささかやりすぎの感もありますが、アフリカの衛生事情を改善させるには、とてもいいお手本になる、ということがわかりました。欧米でも、最近では、家の中で靴の脱いでスリッパで暮らす日本式のお家を見かけるようになりました。欧米の映画だと、登場人物は皆土足のままベッドに横たわったりしていました。あれはさすがにおかしいんじゃないかと気がついてきたんだと思いますね。江戸時代に日本を訪れたポルトガル人が「日本人は何と清潔な国民なんだ」と感想を書いています。

更家　お風呂にしっかりつかって入るという習慣もそうでしょう。日本人は昔から、きれい好きだったんですね。

池上　そのきれい好きの伝統がアフリカの未来を変える一助になりそうです。

更家　変えられるかどうかは、これからの頑張り方次第です。

02

アフリカの自動車ビジネス最新事情

ケニアの工場でトヨタと三菱ふそうと軍用車が一緒に組み立てられるわけ

アフリカでは今自動車の販売台数がうなぎ上りです。ケニアでも、猛烈な勢いで自動車の販売が伸びています。アフリカの多くの国々では、公共交通機関がバス以外に発達していません。主な移動手段は自動車が中心なのです。当然、国民の所得が伸びると必然的に自家用車を買う層が増えます。

ケニアの首都ナイロビでは、朝晩、猛烈な交通渋滞が起こります。私はこれまで数多くの発展途上国を訪れました。経済発展のまっただ中にある国では道路や交通網の限界を超えて自動車の台数が増えるため、必ずこうした交通渋滞が起きます。ナイロビの渋滞は、ケニアの経済成長の傍証ともいえるものです。

かつてタイのバンコクや、インドネシアのジャカルタの交通渋滞もひどいものでした。わずか10㎞を移動するのに1時間や2時間はかかってしまう。ナイロビの朝夕の渋滞も負けていません。

では、どんな自動車が今、ケニアでは売れているのでしょうか？

路上を眺めてみると、さまざまな国の車が走っています。高級車ではアウディ、ＢＭＷ、メルセデスベンツと、ドイツ車が目立ちます。日本車は、というと、ケニアでは一定のブ

ナイロビの渋滞はすさまじい

ランドイメージを確立している、と現地の人は話します。

その中で別格の日本車があります。

それは、トヨタの最高級４ＷＤ車ランドクルーザーです。

世界の並みいる高級車を押しのけて、ダントツのブランドとなっているそうです。実はこれ、ケニアに限った話ではありません。アフリカ大陸全土でランドクルーザーは圧倒的なブランドイメージを確立しています。

どんな悪路も走破でき、故障知らずで、しかも内装は高級セダン並み。日本のような先進国と異なり、ケニアをはじめアフリカの場合、まだまだ地方に行くと未舗装の悪路が少なくありません。このため、高級車でありながら悪路走破性を誇り、かつ故障の少ないトヨタのランドクルーザーに人気が集中する、というわけです。

アフリカでは悪路走破の性能が自動車の価値を左右する、と思った出来事に私も遭遇しました。第3章の農業編でもとりあげましたが、モザンビークで１５０㎞ほどを自動車で移動するのに7時間以上もかかったときのことです。道程の大半が未舗装路だったからで、途中では、ぬかるみにはまって動きがとれなくなっている４ＷＤ車にもでくわしました。旧型のランドクルーザーです。「ランクルでも、動けなくなるほどの悪路なのか」とびっくりしていたら、今度は我々のクルーのいすゞビッグホーンもはまってしまいました。

地元の人たちの手を借りてなんとか脱出しましたが、かくのごとくアフリカの道路事情はまだまだ近代化したとはいえません。だからこそ、悪路走破性が高く、壊れにくい車が求められるというわけです。そもそもランクルやビッグホーンのような４ＷＤ車でなければ、走行そのものが難しそうな道だったのです。

アフリカでの実際の自動車販売事情はどうなっているのでしょうか。トヨタ自動車の販売をケニアで請け負っている豊田通商の伊藤進さんにお訊きしました。

伊藤　２０１２年９月、ケニアのナイロビに全長１４０ｍのトヨタ自動車のショールームをオープンしました。アフリカで最大規模のカーショールームの一つです。それだけ、ケニアの自動車販売に力を入れようとしているのです。

池上　どのくらいの販売台数ですか？

伊藤　２０１２年時点では、約３０００台の新車を販売しました。もちろん世界的に見ると、とても小さな数字です。それだけに市場の余力が極めて大きいとも言えます。巨大ショールームは先行投資であると同時に、ブランド確立のためのショールームともいえます。

豊田通商の伊藤さんの話にあったように、ケニアはまだまだ経済成長のスタート時点に立ったばかりの国です。このため、新車の販売台数の規模は大きいとはいえません。にもかかわらず、道路は自動車でいっぱい。なぜでしょうか？

そのからくりは単純。大量の中古車が海外から流れ込んでいるのです。主なルートとしては、インド洋に面した中東諸国からの中古車がケニアにたくさん輸入されているそ

トヨタ・ケニアの巨大ショールーム

うです。

日本からの中古車の輸入も盛んに行われています。これはケニアのみならず、モザンビークやかつて訪れたスーダンやウガンダなど、アフリカ諸国に共通しています。興味深いのは、日本語がペイントされた営業車両の中古車をそのまま日本から輸入した場合、塗装し直さずにそのまま使っているケースが多いことです。ウガンダでは、幼稚園の名前がペイントされたミニバンがそのまま、公共バスとして利用されていました。モザンビークでも「自動扉」と書かれたミニバンが、ローカルバスとして使われていました。

理由は、「日本語がペイントされている＝日本車＝性能がいい」というイメージがアフリカで確立しているからだそうです。

その一方で、日本車の高いイメージを利用して、粗悪な事故車両を輸入して、暴利をむさぼる業者もある、と聞きました。たとえば、とある日本車メーカーの中古車を購入したケニアの大臣が、ある日、そのメーカーのケニア支社に怒鳴り込んできました。

「せっかく買ったのに、あっという間に壊れてしまった。どうしてくれるんだ！」

新車ではないので、日本メーカーのケニア支社の担当者も困り果てましたが、とにかく壊れてしまったその中古車を見せてもらうことにしました。ボンネットを開けてエンジンルームを見た担当者は仰天しました。なんと、ワンランク下の別ブランドのエンジンに載せ替えられていたのです。さらに、もっと驚いたのは、車の後ろに回ってみたら、リアのテールランプ回りは、他社のブランドのものでした。つまり、エンジンとテールランプ回りをつぎはぎで付け替えた事故車両を、この大臣は買ってしまっていたのでし

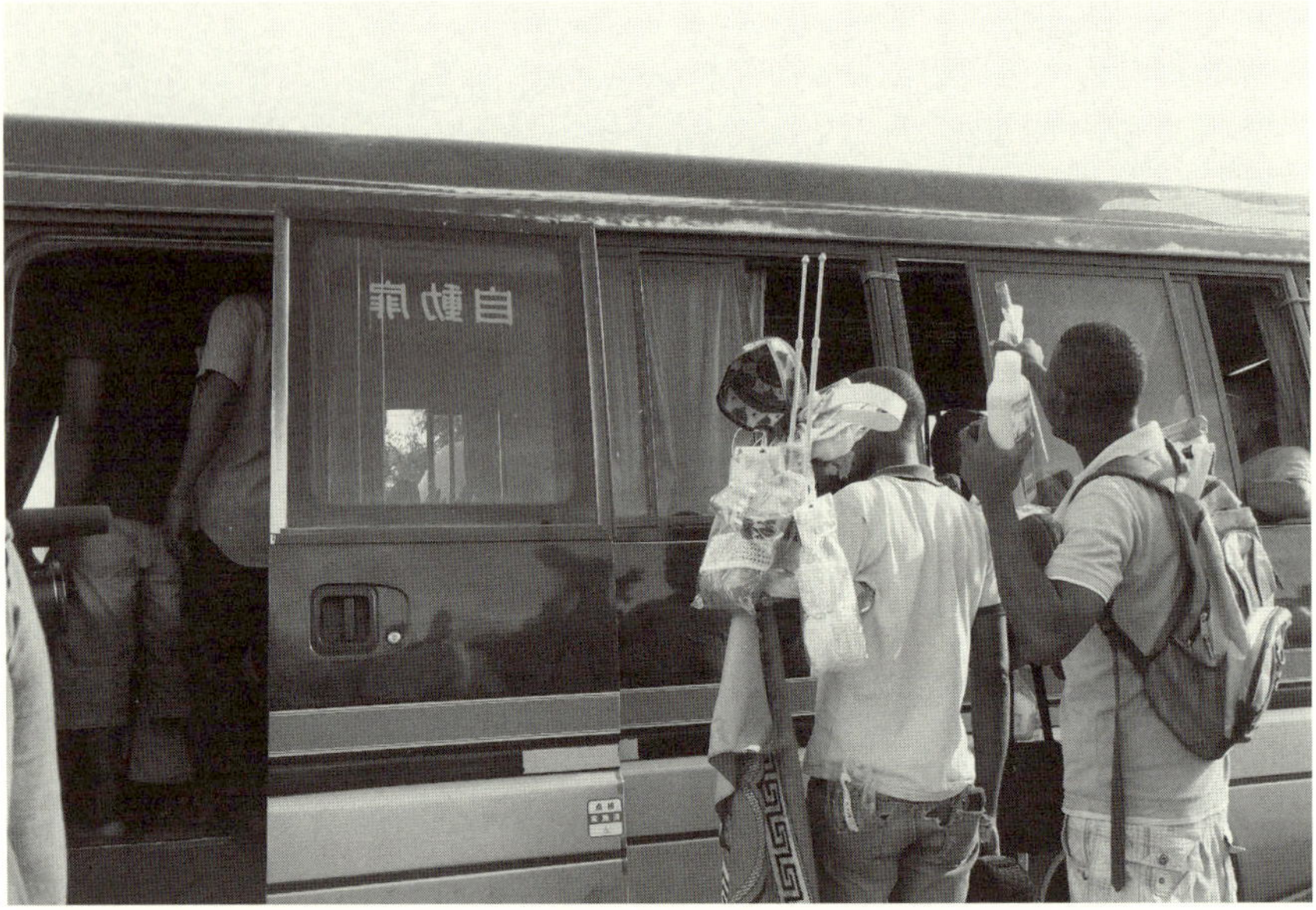

モザンビークでは、「自動扉」の文字が見える日本から輸入した中古バンが乗り合いバスとして利用されている。

た。

　トヨタ自動車の支社、トヨタ・ケニアＣＯＯの外輪賢治さんによれば、こうした事故車両を修繕した粗悪な中古車の輸入も少なくないとのことです。

外輪　事故車両を修繕したものや、盗難車などが中東ルートから流れてくるケースは少なくありません。当然のことながら、粗悪な車ですからすぐに壊れてしまう恐れがあります。結果、ブランドイメージを毀損する恐れが十分にあります。そこで、我々も対策を講じることにしました。

池上　どんな策ですか？

外輪　ひとつは、認定中古車制度のような仕組みを設けて、輸入の水際で検査が通った中古車のみを取り扱う会社を関連会社の豊田通商がつくりました。トヨタブランドの自動車の年間総販売台数は、ケニアにおいては２０１２年約６万台。そのうち新車は３０００台にすぎません。そこでまずはトヨタ車の安全安心な中古車を買ってもらってトヨタ車の魅力を知っていただき、ブランドイメージを広げたのち、経済がより発展したときに改めてケニアの消費者に新車のトヨタブランドを購入してもらおうという作戦です。

池上　程度のいい中古車を豊田通商自らが販売することで、トヨタブランドのシェアを伸ばし、イメージを事前に上げておき、将来の市場開拓に結びつけようというわけですね。

外輪　そのとおりです。さらにもうひとつ設けた策がファイナンスの会社を立ち上げたことです。具体的には月賦販売の会社です。新車にしても中古車にしても現金一括払いで購入できる裕福な人はケニアにおいては限られています。けれども月賦ならば購入できる層はどんどん拡大しています。こうした新興消費者にトヨタの車を気軽に購入してもらえるための施策として月賦販売の会社をつくったわけです。

まずは、程度のいい中古車を売る。さらに、月賦販売の仕組みを導入して、なるべく多様な層が自動車を購入できるようにする。トヨタグループは、いまケニアでこうした新興消費層を取り込む施策を行い、市場を拡大しようとしているとのことです。

では、ケニアでは、どうやって新車が輸入されているのか。多くの途上国と同様、ケニアでは多くの新車はそのまま輸入されるわけではありません。一部の新車については、いったんばらばらに分解され、部品の状態で荷揚げされ、その後、ケニア国内の工場で再び組み立てられる、ノックダウン生産の方式をとっているのです。自国に少しでも多くの雇用とお金が落ちるために東南アジア各国でもとられてきた方法です。

社長のデイブさん

新車のノックダウン生産を請け負っている工場を、ケニア最大の港湾都市であるモンパサに訪れました。工場のAssociated Vehicle Assemblers Ltd社長であるデイブ・ウィリアムソンさん。英国出身のなかなかに渋い雰囲気の方です。

「この工場は、もともと英国フォードがケニアに自動車を輸出する際、使っていたものです。私も英国フォードから転籍し、以来30年以上この仕事をやっています」

「どんな車を取り扱っているんですか？」

「かつては、英国フォードをはじめ、イギリス車のノックダウンが多かったのですが、現在は、日本車が中心ですね。各社の売れ線の車を組み立てていますよ」

なんと、複数の自動車メーカーの製品を組み立てているそうです。デイブさん、にっこり笑って、「日本車のことだったら、私の相棒を紹介するよ。彼に訊くのがいちばんだ」

登場したのは、日本人男性。碓井正人さんです。

「いつからこちらでお仕事を？」

「もう30年以上になりますか。もともと日本の自動車メーカーで修理工として技術を磨いていたんですが、70年代に思い立って青年海外協力隊として海外で自動車の修理や組み立ての指導にあたったんですね。その後、日本に戻らず、ケニアのこの工場にやってきました」

「日本車、何を組み立てているんですか？」

「いま、ここで組み立てているのは、まずトヨタのランドクルーザーですね。ずっと人気がある車種です。もうひとつは、三菱ふそうのトラックです」

ケニア・モンバサの自動車組立工場

「え、別々の会社の車を一緒に扱っているんですか？」

「その通りです。ケニアの自動車販売台数は伸びてはいますが、日本最大手のトヨタにして新車の販売台数はわずか年間約３０００台程度。これでは、自社でノックダウン用の組立工場をつくっても採算が合いません。そこで、うちのような組立専用工場を持つ会社の出番となるわけです。もともとフォードの組み立てをやっていましたから、時には日本車の隣でアメリカの車を組み立てていることもありますよ」

たしかにおっしゃるとおりです。今度は、工場の戸外に回りました。なんとものものしい軍用車両が立ち並んでいます。

「おや、これはなんですか？」

「こちらは、南アフリカからソマリアに派遣される国連のＰＫＯの車両です。途中、こちらの工場に寄って、我々がメンテナンスを行っているわけです」

びっくりしました。びっくりしたついでに、ちょっと乗せてもらいました。（２７８ページ）

一般車両から工事車両からなんと軍事車両にいたるまで。国を問わずに、ブランドを問わずに、どんなブランドでも組み立ててしまう。ケニアのような新興市場では、本来ならばライバル同士の車種が仲良く並んで同じ工場で組み立てられているのですね。

また工場の英国人社長ディブさんと日本人技術者の碓井さんのコンビは、なんだか映画に出てくるベテランカウボーイのようでなんとも格好のよい方たちでした。こうした腕っこきのベテラン国際人がケニアの近代化を支えている一面もあるのです。

碓井さんの後ろには三菱ふそうのトラックとトヨタ・ランドクルーザーが並ぶ

国連の軍用車に乗ってみました

まず、「顧客の創造」が、アフリカ進出のカギ！

これまでアフリカの消費市場は、日本企業にとっていささか遠い存在でした。アフリカの経済成長の度合いが、アジアや南米などに比べて遅れていたこともあり、日本企業にとってアフリカ市場はどちらかといえば、いつでも「その次」の存在でした。

けれども、ここ数年、アフリカ市場の急速な成長ぶりとその巨大な人口に、ようやく日本企業が気づき始めました。

今のアフリカは高額商品が飛ぶように売れたり、一般庶民の生活水準が一気に上がる、という段階ではまだありません。そのためには、物流インフラや食料生産や電力供給の水準が一定レベルを超えなければなりません。

潜在力はあるけれど、まだまだ未知数のアフリカ消費市場を日本企業はどう攻めているのか？

今回取材した、石鹸のサラヤとトヨタ自動車グループの戦略に、そのヒントが垣間見えます。

サラヤは、石鹸や洗剤や消毒剤を売る前に、まず「手洗い運動」を推進する社会貢献活動をウガンダでスタートしました。「手洗い」を生活習慣としてウガンダの人々に根付かせ、衛生状況を改善するとともに、手洗い習慣の大切さを実感してもらう。商品を売るのは、それからでもおそくない、という考えです。社会貢献が先、商売は後、なんですね。

南アフリカからソマリアに派遣される国連のPKO車両。ケニアの一般工場でメンテナンスを受けているのにびっくり。

そのやりかたが、石鹸や洗剤で手を洗う、という習慣をウガンダに根付かせ、結果として石鹸市場、洗剤市場が創造される、というわけです。

トヨタグループでは、新車を売ると同時に、人々がなんとかトヨタの車を買うことができる施策を用意しました。ひとつは、中古車認定制度。怪しげな中古車が流通しているケニアの中古車市場で、トヨタでは「お墨付き」をちゃんと与えた認定中古車を販売する仕組みをつくり、中古のトヨタを好きになってもらい、実際に乗ってもらう機会を増やすことにしました。

もうひとつは月賦販売の仕組み。現金一括払いで自動車を買える層はほとんどいないのがケニアの人々の懐事情です。そこで分割払いで自動車が購入できるよう、トヨタグループでファイナンス会社を設立し、月賦で車を買える制度を用意しました。

そのうえで、ナイロビの空港近くにアフリカ最大級のショールームを用意し、トヨタの新車へのあこがれを喚起する。用意周到なマーケティングです。

デイブさんと碓井さんの外国人コンビがケニアの自動車工場を支える

サラヤにしてもトヨタにしても、いきなり商品を売りつけるのではなく、アフリカの人々にＣＳＲや中古車販売でアプローチし、ブランディングを行ってから、より本格的なビジネスに着手しています。商売の前に、顧客そのものを市場そのものを創造する。ほかの分野でも応用ができそうですね。

IKEGAMI'S SUMMARY

イケガミの  まとめ!

アフリカで日本企業が
「市場を創造」するためには、
石鹸から自動車まで、アフリカの人々の
「日常の課題」を解決する!

サラヤは「手洗い運動」の奨励で、
ウガンダの人たちの生活を清潔に。

トヨタグループは
「中古車」販売と「月払い」制度を渡して、
誰でもトヨタを買えるように!

商売の前に「顧客の創造」を

CHAPTER 6

アフリカに好かれている日本だから
援助もビジネスも、もっと

JICA 田中 明彦理事長

イケガミのマエセツ!

課題はたくさんあるけれど、経済は成長する一方。
だからアフリカは、日本の「投資」を強く求めている。

アフリカの「大きな」現実

アフリカ大陸は広い。10億人のアフリカ人がさらに増える。

アフリカは、文化的にも、民族的にも、宗教面でも、多様性に満ちている。

ゆえにアフリカは世界最後の巨大市場になり得る。

アフリカの「大きな」課題

主食の自給自足が遅れ気味。結果、人件費が高くなり、物価も高い。

電力不足のために、海外から産業を誘致しにくい。

道路や港など物流インフラの開発が遅れており、

物流コストが高く、生活にも支障が。

地域によってはいまだに政情が不安定。

日本ができるアフリカの「解決策」

農業、電力開発、物流インフラ整備に加えて、民間企業の積極的な進出と、

消費市場への参加。あらゆる「投資」を欲している。

２０１３年２月、私はアフリカのケニアとモザンビークを取材しました。物流、農業、エネルギー、自動車、消費……。さまざまな現場を歩き、自国の成長を担うアフリカの人々、そんなアフリカの成長のお手伝いをする日本の専門家、そしてビジネスパーソンの話を聞きました。そこでわかったのは――。


アフリカは10億人の人口を抱え、20代が中心でこれからさらに増えていく。

アフリカ大陸は、とてつもなく広く、文化的にも自然環境の面でも多様性に満ちている。

つまりアフリカは、世界経済を担う最後の巨大な存在になり得る。

が、そうなるには、超えなければいけない３つの壁がある。

①道路や港湾を始めとした物流インフラの充実。
②農業革命を行い穀物など食料自給率の向上。
③エネルギー資源を確保し、電力の安定供給を果たす。

そんなアフリカに、日本に何ができるのでしょうか？

ＪＩＣＡ理事長に就任して１年を過ぎた田中明彦氏に、現在のアフリカの状況、そして２０１３年５月に開催された第５回アフリカ開発会議（ＴＩＣＡＤ Ｖ）の意義、そして日本がアフリカと共にできることについてお話をうかがいました。

メルカトル図法で描かれたアフリカ大陸は小さく見える!

アフリカが小さく見える！
ホントはこんなに大きい

メルカトル図法（左）で描かれた世界地図、アフリカを中心にした地球儀（右）

アフリカ大陸は地図で見るより大きい

池上　ケニアとモザンビークに取材に行ってきましたが、田中理事長も、同じ時期にモザンビークへいらしたそうですね。

田中　池上さんが訪問された直後です。私も、池上さんが辿ったのと同じルート、ナカラ港からナンプラまで車で往復し視察してきました。

池上　では、田中理事長も9時間にも及ぶ自動車での移動を体験されたわけですね。あの自動車移動で、アフリカは大変に広い大陸だと体感しました。それから、道路をはじめ物流インフラの整備が、社会と経済の成長には欠かせない、とも。

田中　あんなに長く車に揺られる経験は、日本ではあり得ないですね。日本人の大半はアフリカをそれほど広いと思っていないのではないでしょうか。そのイメージを植え付けた「犯人」は、メルカトル図法の世界地図なんです。

JICA　田中明彦理事長

田中明彦（たなか　あきひこ）
国際協力機構（JICA）理事長。1954年生まれ。77年東京大学教養学部卒業、81年マサチューセッツ工科大学政治学部大院修了（Ph・D.）。東京大学教養学部助授、東洋文化研究所教授・所長、大学院情報環教授、国際連携本部長理事、理事、副学長を歴任、2012年4月より現職。『新しい「中世」』、『ワード・ポリティクス』『ポスト・クライシスの世界』など著書多数。2012年紫綬褒章受。

池上　え、メルカトル図法の地図が、ですか？

田中　はい。メルカトル図法は、緯度が高くなるほど相対的に面積が広く示され、緯度が低いほど相対的に面積が実際より狭く示されます。アフリカは赤道を中心に北半球と南半球に広がる大陸です。このせいで、実際より小さく見えてしまうのです。本当はユーラシア大陸の次に広い巨大な大陸なのです。

池上　まさに！　私たちはユーラシアをひとくくりに語ることはないけれど、アフリカ大陸については、つい「アフリカ」とひとつにまとめて語りがちです。けれども、実際のところ、アフリカは非常に多様性に満ちた大陸ですね。

田中　その通りです。

池上　自然環境も、地中海沿岸、砂漠、サバンナにステップ、熱帯雨林、珊瑚礁に面した海、高原、氷河の残る高山と多岐にわたっています。一番北にあたる地中海に面したチェニジアの首都チェニスは、緯度でいうと日本の茨城県にあたり、赤道を超え、はるか南端の南アフリカの喜望峰にはペンギンが住んでいます。人種も多様ですし、国の数は54にのぼります。

田中　そのアフリカでは、この10年間、急速に経済成長を続けてきました。2000年以降の経済成長率は年5％程度。予想以上の高成長ぶりで、さらなる成長が期待されています。

池上　だから、改めてビジネスの世界でアフリカが注目されているわけですね。

田中　その一方で課題も山積しています。池上さんがご指摘されたアフリカの多様性は、成長の源泉にもなりますが、一方で成長を妨げる要因になることもあります。まず54カ国もあるアフリカでは、各国の経済規模や成長度合いに著しい差があります。大国がある一方で弱小国家もあります。資源に富んだ国もあれば、そうでもない国もあります。治安が安定している国もあれば、いまだに紛争が絶えない国もあります。そして、ビジネスの発展の面ではとても重要なポイントなのですが、海に面していない内陸国が54カ国中16カ国にのぼります。

池上　アフリカを訪れて実感したのですが、海に面していない、つまり港を自前で持てない内陸国は貿易面で非常に不利ですね。アフリカ大陸の外の国と単体で貿易ができませんから。

田中　おっしゃる通りです。地政学的に見ると、アフリカ大陸では、一国単体で経済成長しにくい構造を抱えているのです。内陸国は、アフリカ以外の国と貿易をするために、必ず隣の沿岸国の港を利用しなければなりません。つまり、自国の経済が隣国との政治関係や隣国の開発状況に左右されてしまうのです。

池上　ところが、アフリカはこれまで必ずしもすべての国の地域は仲がよかったわけではない。隣国同士で紛争問題を抱えているケースも少なくありませんでした。そうなると、内陸国も沿岸国も発展できない……。

田中　そのとおりです。ですから、アフリカの経済が発展するには、まず各地域のすべての国々で治安と社会が安定し、隣国同士が仲良くなる必要があります。その上で、国境を越えた物流網を構築しなければなりません。数カ国をまたがる道路や鉄道の物流インフラを延伸し、内陸国も沿岸国の港を利用できるようにする。

池上　その一例が、今回私がモザンビークで取材してきた「ナカラ回廊」ですね。モザンビークのナカラ港と北部の中心都市ナンプラを結び、さらに国境を越え、隣の内陸国マラウイやザンビアまで幹線道路と鉄道を延伸する。回廊沿いでは大規模農業を一体開発し、産業化する。物流を整備し、農作物や鉱業製品が流通し、輸出され、あるいはさまざまな製品が海外から輸入される。結果、モザンビーク北部地域とマラウイとザンビアが一緒に発展できる……。

田中　そうなれば理想的です。池上さんが取材されたモザンビークのナカラ回廊開発を筆頭にアフリカ南部10カ国の地域では、全部で8つの回廊プロジェクトが優先回廊と位置付けられており、その多くに対して日本が資金面でも技術面でもさまざまな国際協力を行っています。

池上　成果が出ている地域もあるんですか？

田中　モザンビーク南部の首都マプトと南アフリカとを結んだ「マプト回廊」では、マプト近くにアルミニウム精製を行うモザール社が両国の出資で立ち上がり、アルミニウム輸出は現在のモザンビークにとって最大の外貨獲得手段として成長しました。またマプト港は、南アフリカ北部地域にとっても重要な貿易港として利用され、回廊沿いは急速に経済発展が進んでいます。

池上　一方で、ナカラ回廊の取材でつくづく感じたのは、まだまだ基本的なインフラの整備が立ち後れていることです。道路も幹線道路の一部を除くと未舗装地域が大半ですし、ナンプラではしばしば停電を経験しました。サハラ以南のアフリカでは経済成長が進んでいるケニアでも電力普及率は20％台だそうです。

田中　今のアフリカにとって、社会と経済の双方が発展するためには基礎インフラの整備が絶対不可欠の要素です。現状では、たとえば海外から工場を誘致するのも難しい地域がありますね。物流網と電力網が整備されていないと、話が始まりませんから。

池上　農業に関しても、灌漑設備の充実や、農作物を運ぶための道路網の整備がなされないと、今以上の発展は難しいですよね。日本をはじめ先進国も、アフリカのインフラ整備にはもっともっといろいろなかたちで国際協力をすべき、という感想を持ちました。

田中　インフラが整えばいろいろな可能性が生まれます。都市は一気に発展します。工場立地にふさわしい場所では、第二次産業も勃興するはずです。そしてその結果、アフリカ外との貿易が活性化する。そうなってはじめてアフリカが世界のビジネスにデビューすることになります。

池上　そのキックオフに欠かせないのがインフラの整備、というわけですね。

アフリカ人は米が好き、だから日本の農業が役に立つ

池上　もう一つ、アフリカの経済発展に欠かせないのが、農業の発展です。

田中　はい。とりわけ主食になる穀物の生産の拡大はアフリカ諸国にとって最重要課題のひとつです。農業はアフリカのＧＤＰの32％を占めています。ところが、個々の農業は、いまだに天水頼りの小規模農業が多く、農地面積の割には、単位面積あたりの収量は低いまま。灌漑設備が充実していないため、渇水など天候不順にも左右されやすい。食料の安定生産が果たせないと、社会も経済も基礎体力がつきません。また、相対的に物価が高くなってしまいます。いま、日本はアフリカ各地で主食となる穀物生産の規模と質を上げるための国際協力を行っています。そこで注目されているのがコメです。

池上　ケニアで日本の国際協力でコメの増産を試みているムエアの水田地帯を取材しました。コメ食、人気、ありますね。アフリカの人たちは、豊かになって機会があれば、コメをたくさん食べるんだ、ということを知りました。サハラ以南のアフリカでは、トウモロコシなどのでんぷん質を練って餅状にした「ウガリ」が主食、という地域が多いのですが、コメが手に入りやすくなると、「3食全部コメのごはん」というのが珍しくなくなる。

田中　「ウガリ」は腹持ちがとてもいいのですが、コメに比べると栄養価が低いんです。コメの生産がアフリカで増えていけば、コメ食はより一般的になっていくと思います。

池上　もしかすると「ウガリ」はむしろ飽食日本に向いた食べ物かもしれませんね。腹持ちがいいですから。ウガリダイエットとして流行するかも（笑）。ケニアや、以前取材したウガンダのように稲作を積極的に行っている地域の食生活を拝見すると、アフリカでは日本以上に「お米が主食」になる可能性がありそうです。

田中　日本では、アフリカ23カ国と協力して、アフリカのコメの生産量を10年間で倍増させることを目指す「アフリカ稲作振興のための共同体（ＣＡＲＤ）」プロジェクトを２００８年に立ち上げました。池上さんが取材された、ケニアでの稲作地域での灌漑施設の充実や二期作、二毛作の普及プロジェクト、ウガンダでのネリカ米栽培プロジェクトは、いずれもＣＡＲＤの一環です。各地での収穫量は、質量ともに確実に上がり始めています。

池上　コメの増産が実現すると、アフリカ内部の食料供給が安定し、経済成長の基礎が固められますね。コメ以外では、モザンビークのナカラ回廊沿いで大豆とトウモロコシの生産向上のための取り組みを始めた現場を取材しました。ブラジルと日本とが共同で、現地農家による持続可能な大・中・小規模農業の共存モデルモザンビークに根付かせようという「プロサバンナ」事業です。

田中　元を辿ると、１９７０年代後半から20年以上に渡り、ブラジル中部のセラード地帯で農業開発プロジェクトを行い、荒地を一大穀倉地帯に変えた実績がＪＩＣＡにはあります。技術協力をし、融資も行いました。結果、ブラジルは大豆とトウモロコシなどの一大農産物輸出国に成長したのです。

話はちょっと変わりますが、２０１２年夏、大豆の主生産地である北米では気温が上がらず、大豆が不作でした。

池上　国際価格が急騰しましたね。

田中　ただし、危機的な状況を避けることはできました。それは、南米のブラジルに世

ケニア・ムエアでは一大水田地帯が。コメが主食となる日も？

日本とブラジルの「プロサバンナ」事業で、モザンビークの畑ではトウモロコシが育っています。

界有数の大豆生産の拠点があったからです。アフリカにも大豆やトウモロコシなど穀物の生産拠点ができれば、国際価格は一層安定します。セラードとナカラ回廊地域の社会経済状況は大きく異なりますので、セラードでの農業開発の経験がそのまま移転できるものではありませんが、日本とブラジルの技術を活かした協力を通じて、モザンビークが大豆やトウモロコシ等の生産拠点になれば、同国のみならず世界の人々に大きく貢献するでしょう。

池上　アフリカで穀物生産が安定すると、アフリカ内部だけでなく、全世界にメリットをもたらすんですね。

相変わらず中国はアフリカ進出に積極的

池上　今のアフリカを語るとき、避けて通れないのが中国の存在です。21世紀に入って、中国は非常に熱心にアフリカ各地への進出を試みています。

田中　日本人がアフリカを歩いていると、ほぼ１００％「ニイハオ」と声をかけられますね。10年前までは、ほぼ１００％「コンニチハ」だったのですが。

池上　スーダンでもケニアでもモザンビークでも同じ経験をしました（笑）。ただ、こちらが日本人だとわかると、さらに親しく話しかけられる傾向がありますね。ああ、日本人、好かれているんだなあ、と感じることが多々ありました。

田中　日本はアフリカに対して地道に国際協力を行い、現地で国際交流を行ってきました。長い間、人と人との交流を通じた活動をしてきたことへの信頼の表われだと思います。ただ、それとは別に、21世紀に入ってからの中国の積極的なアフリカ進出の後塵を拝している側面があるのも事実です。

池上　中国の積極的な姿勢をどうご覧になっていますか。

田中　中国のアフリカ進出に関してはいろいろな意見がありますが、中国が直近10年のアフリカの経済成長に大きな貢献をしているのは確かです。世界中の景気が悪化した２００８年のリーマンショック以降、実はアフリカの経済はさほど悪化しませんでした。それは、世界の金融市場とさほどリンクしていなかった中国の経済と、さらにいうとインドの経済とが、リーマンショックの影響を受けなかったことが根っこにあります。アフリカの資源を大量に買い付け、あるいはアフリカに積極的にモノを売り、現地進出をくりひろげているのが、中国であり、インドだからです。

池上　なぜ中国、そしてインドはそこまでアフリカに入れ込んでいるのでしょうか。

田中　それははっきりしています。アフリカの一次産品そして天然資源の確保が、急成長し続ける中国とインドにとっては重要課題だからです。アフリカは石炭や石油、天然ガスといったエネルギー源の宝庫ですし、鉄鉱石にも恵まれています。また、中国への木材輸出も増えています。

池上　中国やインドの国家戦略としては、アフリカ進出は必然と言えるわけですね。中国では、国家主席に就任したばかりの習近平氏がさっそくアフリカ諸国を訪問しました。ロシアの次にアフリカ諸国を訪れたわけですから、どれだけ重視しているかがよくわかります。

田中　日本でもぜひ、首脳レベルの外交を増やしていただきたいですね。残念なことに、アフリカへ政府首脳が訪問する機会がここ数年ありませんでした。今後は長期安定政権となって、ぜひアフリカにお出かけいただきたいと、実務担当者としては願っています。

池上　中国の積極的な姿勢が目立つのですが、それと比較して日本はいかがでしょう。

5回目を迎えたＴＩＣＡＤのテーマは「質の高い成長」

田中　私自身は、これまで日本がとってきたアプローチは正しいと思っています。日本は、アフリカがこれほどまでに注目をされるはるか以前、欧米各国からアフリカへの「援助疲れ」という言葉が聞こえ始めた１９９３年に、第1回目のアフリカ開発会議（ＴＩＣＡＤ）を開催し、以来5年に一度開催して、アフリカ各国との結束を高め、具体的な国際協力プロジェクトをいくつも立ち上げてきました。こうした地道な付き合いの上に、今のアフリカにおける親日感情が築かれています。

池上　そのＴＩＣＡＤは２０１３年、5回目を迎え、6月に横浜で開催されました。テーマに「質の高い成長」を掲げています。私も取材し、テレビでレポートしました。

田中　アフリカは21世紀に入り、この10年で経済的に急成長しました。ただし、あくまでアフリカの治安が安定し、一次産品と資源の輸出が増えた、というのがその主な理由です。一次産品と資源輸出に経済を依存する、というのはとても危ういのです。

池上　なぜですか？

田中　一次産品や資源は、世界市場での価格変動の影響を容易に受けてしまいます。世界的に需要がある状態が続けばいいのですが、もし、世界市場で価格が下がれば、一瞬にして収入が減ってしまい、アフリカの経済全体は変調をきたしてしまいます。アフリカの経済は、国際市況に大きく影響されず脆弱性の少ない体質に変身する必要があります。これまでは、まず自分たちの持っている資源を売ることで経済成長の基礎を固めました。次は、どんな経済成長を行うのか、という経済の中身、つまり「質」が問われるようになってくるわけです。

池上　それが、持続可能で健全な経済成長を促進することになる、というわけですね。

田中　そのためには、製造業やサービス業のように、国内で付加価値をつけられる二次産業、三次産業の成長が欠かせません。また内需を拡大し、国内経済そのものを大きくする必要が出てきます。

池上　何をすべきですか？

田中　「質の高い成長」には、まず「質の高い雇用」が欠かせません。アフリカ諸国は、社会の年齢構成がとても若い。20代の若者たちがたくさんいます。未来を創る彼ら彼女らの雇用を適切に確保し、給与所得者として、消費ができるようにする。そうなって初めて国内の経済が回り始めます。

池上　現状はどうでしょう？

田中　一次産品や資源の輸出だけに頼っていると、「質の高い雇用」はなかなか担保できません。若年層の雇用チャンスは限られてきます。結果、若年層の失業率が高くなる。そうなると国家そのものが不安定になります。２０１０年から２０１２年にかけて、北アフリカや中東で多発した民主化運動「アラブの春」は、まず若年層の失業率の高さが政府への不満につながっていた、という背景がありました。

池上　どこから手を付ければいいのでしょうか？

田中　教育です。質の高い雇用を実現するには、まず、雇用内容に見合った教育を人々が受けているかどうかが問われます。サハラ以南のアフリカ諸国では、小学校も通っていない児童が少なくありませんでした。近年、小学校をはじめ学校施設が充実し始め、小学校の入学者数が確実に増え、教育レベルが上がり始めました。

池上　持続可能な経済発展と質の高い教育は、切っても切り離せませんね。

田中　まずは国民がみな質の高い教育を受ける。識字率を上げ、「読み書きソロバン」ができるようになる。その結果、質の高い雇用が担保される。弱者を切り捨てることのない強靱な社会の基礎がそうやってできます。

自衛隊より先に南スーダンへ入ったのはＪＩＣＡでした

池上　２０１３年1月に、アルジェリアでテロが起きました。日本人も犠牲になっています。アフリカの治安については、常に不安視する意見がありますね。

田中　アフリカに平和と安定をどうもたらすか。これも今後のＴＩＣＡＤの課題の１つです。残念ながらまだまだアフリカには、サハラ砂漠南縁部にあるサヘル地域を中心に、治安面では不安定な地域があります。私たちは、できる限り不安定な地域を小さくし、そして成長の方向へ転換させていきたいと考えています。

池上　一方で、日本側のアフリカに対する知識不足、認識不足もありますね。アフリカのどこかでテロがあると、遠く離れていても、同じアフリカというだけで、日本から「帰ってこい」と言われてしまう。常識的に考えれば、「アフリカ」でひとくくりにしてはいけないのに、まだまだ私たちは悪い意味で「アフリカ」を一緒くたに考えがちです。

田中　東日本大震災が発生したとき、遠く離れた西日本にいる家族や従業員までをも本国に帰国させた日本在住の外国人の方々と同じ反応ですね。遠い大陸や国の中での物理的な違いというのは正確に把握できないのでしょう。ところでケニアでは、池上さんが足を運ばれた頃、ちょうど大統領選挙が行われていたのではないですか。

池上　選挙運動の真っ最中でした。候補者が8人ずらりと並ぶディベートがテレビで放送されていて、それを食堂で大勢の人が見ていましたね。現地のケニア人ビジネスマンは、選挙番組を家で見たいがために「今日は早く帰りたい」と言う人もいて、政治参加に対する意識の高さを感じました。

田中　ケニアの大統領選挙は前回の２００７年２００８年で暴動と混乱を巻き起こしました。国内の民族運動を反映したためです。今回も落選した候補者は選挙のあり方に異議を唱えているようですが、前回の大統領選の後のような大きな混乱は起きませんでしたね。ケニアのように経済成長が軌道に乗り始め、わずか5年で政治がずいぶん安定方向へ進み始めた国もあれば、中央アフリカやマリのようにまだまだ安定化しない国もある。どちらの国もあるのが今のアフリカです。国際社会は、アフリカの民主化と安定化をできる限り支援し、秩序を確立する努力をしなくてはなりません。

池上　個々の国が、ただ経済成長だけすればいいというわけではありませんね。

田中　アフリカでの民主主義の定着状況は、経済の成長と同様、10年前とは比較できないほど著しく進歩しています。しかしそのスピードには著しい差があります。進歩している国と、依然として混乱している国、どちらもあるのです。

池上　ＪＩＣＡとしてはアフリカの安定という大きな問題にどう取り組むのでしょう。

田中　私たちはインフラの整備、農業の支援なども行っていますが、平和構築も重要な仕事だと認識しています。紛争が続いているような地域へは入っていけませんが、ある程度落ち着いてから人を派遣し、戦後復興から産業開発まで切れ目なく、目に見える活動を行っています。２０１１年には、スーダンから南スーダンが独立した後、日本からは自衛隊がＰＫＯで派遣されましたが、実はＪＩＣＡが現地にスタッフを派遣したの

は、独立以前の２００６年からで、戦争からの復興支援に尽力してきました。

池上　独立直前の南スーダンでの日本の国際協力の現場は、２００９年、私自身が取材してきました。女性スタッフが中心だったことに驚かされました。こちらのレポートは『世界を救う７人の日本人』（日経ＢＰ社）に収録しました。ぜひ読んでいただきたいですね。

田中　ＪＩＣＡがいち早く現場に入って、職業訓練などの復興支援を行う。長年戦火にさらされながら暮らしてきた人々に「やっぱり平和の方がいいな」と実感してもらいながら不安定を解消していく。南スーダンの復興ぶりを見ると、やり方としては間違っていない、と実感します。

池上　最後に、本書の読者にメッセージをお願いします。

田中　２０１２年、アフリカではＯＤＡの金額を直接投資の額が上回りました。すでにアフリカは、支援の対象ではなく、投資の対象なのです。マーケットとして見た場合にも、世界経済にとって「ラストリゾート」と見られています。民間からの投資は、ますます増えていくでしょう。ＪＩＣＡはこれまでのＯＤＡ事業の経験やネットワークを活用し、アフリカを、さらには日本をいっそう元気にできればと考えています。ぜひビジネスパーソンの皆さん、日本企業のみなさんをはじめとして、さまざまな方々と一緒にアフリカが元気になるためのお手伝いをしていきたいと思いますので、一緒に参加して下さい！

イケガミの  まとめ!

未来の大物、アフリカ大陸と日本企業がつきあうには、
商売の前に、まずはサービスを!　先行投資を!

道路や港湾や水道などのインフラ整備、
教育の普及、石鹸や自動車の販売まで、
モノを売る前に、まず顧客を創ろう。

官民協力して教育や医療、母子保健などを改善するお手伝いを。

アフリカの人たちの生活が変わってはじめて「市場」が生まれる!

おわりに
とりあえず、アフリカに行ってみませんか？

発展著しいと言われているアフリカの経済は、いま実際にどうなっているのか？

アフリカのビジネスの世界で、日本はどんな役割を負っているのか？

私はここ数年、毎年のようにアフリカ各国を取材しました。

南北ふたつの国に分かれようとするスーダン。経済発展著しいウガンダ。ソマリア難民が殺到するジブチ。アフリカ屈指の先進国であり、世界文明発祥の地の一つでありながら、「アラブの春」に揺れるエジプト。そして、２０１３年はインド洋経済圏の核となりつつあるケニアと、世界最貧国のひとつだったモザンビークを訪れました。

自分の足でアフリカの大地を踏みしめながら取材を続けて実感したのは、本書の冒頭で申し上げたように、「アフリカの巨大さ」でした。

アフリカ大陸は、本当に広い。ゆえに国情も経済発展の段階もばらばらです。「アフリカ」とひとくくりで見ないこと。これがアフリカを理解し、アフリカのビジネスを理解する第一歩です。

一方で、資源を持った内陸国が、貿易に際して隣接した沿岸国の港湾設備を頼りにしていることを自分の目で見て理解を深めました。アフリカでは、内陸国と沿岸国がタッグを組んで初めて経済発展できる地域がとても多いのです。

　アフリカ各国を国単位ではなく、物流や経済の視点から地政学的な地域単位で見ること。これがアフリカのビジネスを理解する第二歩です。

　以上を前提として、アフリカが今、日本をはじめとする先進国に何を求めているのか。第1章でＪＩＣＡの宍戸健一さんがおっしゃったように「援助ではなく、投資」です。アフリカを援助の対象ではなく、ビジネスの対象としてとらえる。

　と、言われても多くの日本人の方が、かえって戸惑うかもしれません。何を投資すればいいのだろう、と。

　そこで思考の補助線となるのが、日本の現代史です。

　アフリカの現在の経済発展段階は、国によっても違いますが、政治が安定し始めて海外からの投資を求めている国の場合、１９５０年代から60年代初頭にかけて、昭和30年代の高度成長期に突入する直前の戦後日本とそっくりです。

　この当時の日本がどうだったか？

　上水道の整備もおぼつかないまま。東京都内でも井戸に頼っていた地域が広く存在していました。まして下水道となると、絶望的な状況でした。下水が整備されていないのですから、汚水があふれることも日常茶飯事。地域によっては感染症の恐れが残っていました。

　道路の大半は、舗装されておらず、雨がちょっとでも降ると道路はドロドロになって、歩くのも大変でした。自動車は庶民にとって高値の花で、所有しているのはお金持ちだけでした。

　私が小学生のころの「昭和30年代の日本」とは、そんな国だったのです。

アフリカを歩いてなんだかとっても懐かしく思うことがあったのは、戦火をくぐり抜けようやく立ち上がろうとしていたあのときの日本を、今のアフリカに重ねて見たからでしょう。

たとえば、ウガンダに「手洗い運動」を普及しようというサラヤは、昭和30年代の日本の学校で「手洗い運動」を定着させたことで、日本の衛生環境を好転させ、今の石鹸事業の地歩を築きました。

終戦直後、日本を訪れたＧＨＱの高官は、「日本には道路がない」と言い放ちました。まともな幹線道路は数少なく、市街地の道路の多くも未舗装で、とても先進国の道路インフラとはいえない状況だったからです。

それから数年で一気に日本国中の道路の整備が進み、１９６４年のオリンピックの前後には首都高速道路と東名高速道路、名神高速道路などが配備されました。

学校中に石鹸が配られて、給食の前にみんなで手洗いするのを習ってはじめて、私たちは手洗いの重要性を知りました。

道路が舗装され、高速道路が整備されてはじめて、私たちは自動車の利便性を知りました。遠いと思っていた場所が近くなり、物流コストは劇的に下がりました。

日本経済が一気に成長して先進国の仲間入りをするようになったのは、それからわずか数年後のことです。

何もない国にとって必要なのは、そこに暮らす人たちが知らない「未来」を、外から「供給」してあげることです。

え？　と思われるかもしれません。経済学の基本から言ったら、まず消費者の需要があって、その需要にモノやサービスを供給するのではないか？　供給を先に、というのは、時代遅れの共産主義や公共事業主導型の経済ではないか？

でも、人間、知らないものを欲しがることは不可能です。市場に需要が発生するためには、その前に、消費者たちが「知ること」が必要なのです。

そのためには、まずは「未来」につながる「供給」を先進国がアフリカにする。

それが本書でも取材したさまざまな「インフラ投資」なのです。

道路を整備し、港湾を整備し、物流インフラを整える。

電力開発を行い、みんなが電気を自由に使えるようにする。

だれもがおいしい主食を食べられるように農業革命を行う。

そうすれば、生活が便利になり、物価が下がり、仕事の機会が増え、生活水準が底上げされます。テレビを買い、携帯電話を手に入れ、インターネットの接続ができるようになり、「情報」を入手できることでしょう。そうなればアフリカの人たちは、自分たちの欲しいモノが自分たちで見えるようになってくる。つまり、「需要」が生まれるようになる――。

顧客は創造するものです。需要は作るものです。そのための「最初の供給」が今のアフリカには必要なのです。

多くの場合、人は、「自分が何を欲しい」かがわかりません。逆に言えば、「今はないけれど、あったらみんなが欲しくなるもの」を最初に「供給」した人が、ビジネスの新しい勝者になります。

「お金儲けの神様」と呼ばれた邱永漢さんは、30年近く前に「これから中国の人たちはみんなコーヒーを飲むようになる」と看破し、中国南部でコーヒー栽培を始めた、といいます。当時の中国は貧しく、庶民は白湯を飲むくらい。ほとんどの人が「中国人がコーヒーを欲しがる」未来を夢にも思いませんでした。21世紀の今、中国人は当たり前のようにコーヒーを飲んでいます。

かつてイザヤ・ベンダサン（山本七平のペンネーム）は、ベストセラーとなった著作『日本人とユダヤ人』の中で、「日本は水と安全はタダであると思っている」と言いました。日本では、水道の蛇口をひねれば、全国どこでもおいしい水が飲める。海外では先進国ですら、ボトル入りのミネラルウォーターを買わなければ飲み水は手に入らないケースも多いのに。そんな日本で、ミネラルウォーターがビジネスになると思った人がどれくらいいたでしょう。現在はご覧の通りです。多くの日本人が「わざわざ」ミネラルウォーターを買っています。

お米のおいしさを知ったケニアの人たちが、「伝統的なウガリより、お米のご飯の方がおいしいねえ」というのを私は目の当たりにしました。

アフリカにどんな未来を供給できるのか？

日本人のお仕事はそこから始まります。

では、どんな未来を？

まずは、ご自身の目で、足でお確かめください。

AFTERWORD

最後にもうひとつ。

アフリカには、いまだに政情不安定な国がいくつもあります。今回取材したケニアは、自国の政情は安定しつつあったものの、隣国のソマリアとの関係から、私も取材したショッピングモールがテロに遭い、多くの方が亡くなりました。アフリカでは先進地域だった地中海沿岸のエジプト、リビア、アルジェリアでは、「アラブの春」以来、政情不安やテロの頻発という事態を招いています。スーダンの場合、国内で複数の民族とイスラム教とキリスト教とがぶつかり合い、南北に分かれた後も不穏な状態が続いています。

そんなアフリカの「リスク」をこれから訪れる日本人が回避するにはどうすればいいでしょうか？

まずは知識を得ること。勉強すること。視野を広く持つことです。私たちはあまりにアフリカの自然を、地理を、国の成り立ちを、宗教を、民族を、そして経済を知りません。アフリカを「予習」しましょう。リスク回避も、正しい理解も、そして「投資」も「仕事」もすべてそこから始まります。

本書が、そんなアフリカの「予習」のテキストのひとつとして、ご活用いただけるのならば、望外の幸せです。

2013年11月

池上　彰

池上彰（いけがみ・あきら）

ジャーナリスト・東京工業大学リベラルアーツセンター教授

1950年、長野県松本市生まれ。慶應義塾大学経済学部卒業後、NHK入局。
地方記者から社会部、科学・文化部記者を経て、報道局記者主幹に。
94年4月より11年間「週刊こどもニュース」の「お父さん」役として、
子供から大人までが理解できるよう、さまざまなニュースをわかりやすく解説、人気を博す。
2005年3月、NHKを退局、以後フリージャーナリストとして、
テレビ、新聞、雑誌、書籍など幅広いメディアで活躍中。
2012年2月から東京工業大学リベラルアーツセンター教授に就任、
理系の大学生に「教養」を教える。
主な著書に『伝える力』（PHP新書）、『そうだったのか！シリーズ』（集英社）
『知らないと恥をかくシリーズ』（集英社SSC新書）
『世界を救う7人の日本人』（日経BP社）など多数

池上彰のアフリカビジネス入門

2013年11月25日　初版第1刷　発行

著　者　池上　彰
発行人　高柳正盛
発　行　日経BP社
発　売　日経BPマーケティング
〒108-8646　東京都港区白金1-17-3

ブックデザイン　寄藤文平＋吉田考宏（文平銀座）
インフォグラフィックス　浜名信次（Beach）
制　作　クニメディア株式会社
編集協力　国際協力機構（JICA）
写　真　大槻純一（更家悠介サラヤ社長　田中明彦JICA理事長　JICA宍戸健一氏）
編集担当＋写真（カバー＋本文）　柳瀬博一（日経BP社）
印刷・製本　図書印刷株式会社

ISBN 978-4-8222-7434-4 C0034